CW01656580

JEAN-CLAUDE BIVER

Groupe Eyrolles
61, bd Saint-Germain
75240 Paris Cedex 05

www.editions-eyrolles.com

ISBN : 978-2-212-56218-7

JEAN-CLAUDE
BIVER

L'homme qui a sauvé la montre mécanique

Entretiens avec Gérard Lelarge

Deuxième tirage 2016

EYROLLES

Sommaire

Avant-propos

La rencontre d'un homme

À l'occasion de l'invitation de Jean-Claude Biver par le *Wine Business Club,* je découvre le président et CEO d'Hublot – et futur président du pôle horloger de LVMH – qui explique le mariage de l'or et du caoutchouc. Un maître horloger qui ne se contente pas de valoriser l'image de l'industrie de luxe suisse mais qui fabrique aussi du fromage, non pas pour le vendre, mais pour le distribuer notamment après ses conférences à New York, à Tokyo, à Pékin, à Lausanne... Un grand patron qui, dans un grand éclat de rire, explique qu'il a acheté avec son ami Jacques Piguet en 1981 la société Blancpain pour 22 000 francs suisses (environ 21 000 euros) et qu'il l'a revendue 60 millions dix ans plus tard. Un amateur de vins qui collectionne les grands crus, dont tous les millésimes de Château d'Yquem depuis 1811. Un sexagénaire au sourire inoxydable, rayonnant d'être à la fois père et grand-père. Un dirigeant dont les principes de management semblent particulièrement performants si l'on se réfère aux chiffres d'affaires et à la rentabilité des sociétés dont il a été responsable. Un dirigeant qui est à l'origine de la résurrection de Blancpain en 1982, du redéploiement d'Omega à partir de 1993 et de la mise sur orbite de Hublot en 2004.

À la fin de sa courte intervention, je joue des coudes pour échanger avec lui quelques mots et lui donner ma carte. JCB me tend la sienne, sa carte personnelle ! Je lui écris pour détailler mon projet : rédiger sa biographie. Quelques jours plus tard, je reçois un carton écrit de sa main, d'une magnifique écriture penchée, à gros traits noirs, élégants, déterminés. Puis un e-mail envoyé à 5 heures 23 (!) : un rendez-vous est fixé dans un grand hôtel parisien à 11 heures 15. À 11 heures, son assistante m'envoie un SMS : « Monsieur Biver est sincèrement désolé ; il aura un quart d'heure de retard. » Combien de grands patrons sont capables d'un tel sens du respect vis-à-vis d'un interlocuteur lambda ?

Jean-Claude Biver sort de sa sacoche les deux pages détaillant mon projet. Il valide l'ensemble. J'évoque alors le « questionnaire de Proust » auquel il pourrait répondre plus tard. « Pourquoi plus tard ? Faisons-le maintenant. » D'évidence le projet l'enthousiasme. Ainsi débute un travail en commun qui s'étale sur plusieurs mois lors de rencontres à Paris et près de Genève, à Nyon où est implantée la manufacture Hublot.

J'ai personnellement pris beaucoup de plaisir à ces rencontres et à l'écriture de ce livre. Et j'ai la fierté de penser que JCB a lui aussi aimé ces échanges qui lui ont permis, avec la passion et l'enthousiasme qui le caractérisent, de décrire son parcours singulier.

Excellente lecture à la découverte – ou la redécouverte – d'un acteur incontournable et original du métier de l'horlogerie de luxe et du monde des affaires.

Gérard Lelarge

Chapitre 1

« Avec la passion, tout est possible »

Trouver sa voie

Passer de la machine à vapeur à la montre suisse

Gérard Lelarge : *On peut notamment vous définir comme un homme de passion et de conviction. D'abord un homme de passion. En 1975, vous trouvez votre voie : l'horlogerie. Comment naît ce qui deviendra votre principale passion ?*

Jean-Claude Biver : De façon très simple : un jour je découvre le mécanisme de la montre de mon ami Jacques Piguet et je retrouve un jouet de mon enfance, un jouet que j'adorais : une machine à vapeur. Jacques me dit : « Tu as l'air d'être passionné, tu devrais travailler dans l'horlogerie. » Il avait raison : il y a en effet des similitudes entre la machine à vapeur et l'horlogerie ; elles possèdent toutes les deux des mécanismes, des roues, des pivots, des axes, des moteurs. Passer de la machine à vapeur à la montre n'est rien d'autre que de passer d'un jouet d'enfant à un jouet d'adulte. Quand on est enfant, on ne s'ennuie pas avec un jouet ; on ne devrait donc pas non plus s'ennuyer avec un jouet d'adulte. La montre est devenue mon jouet d'adulte et l'horlogerie ma passion.

J'explique souvent aux jeunes : la passion ne vous est pas toujours donnée à la naissance ; vous devez la chercher. Et quand vous l'aurez trouvée, votre métier ne sera pas seulement votre gagne-pain, mais votre passion. Vous trouverez alors votre voie et vous pourrez laisser une trace professionnelle.

Laisser une trace est pour vous essentiel.

Oui, plus exactement chacun doit laisser deux traces : une trace professionnelle et une trace d'amour. Celles-ci sont essentielles car elles donnent une raison de vivre. Je veux laisser ces deux traces le jour de mon départ, dans le cercle de ma famille, dans celui de mes amis et dans mon cercle professionnel.

Votre passion est d'innover, de créer. Vous avez réussi à faire de votre passion un métier ; ce qui est un « PLUS » très appréciable.

Faire de sa passion un métier est effectivement un privilège énorme. Pour moi il n'y a pas le travail pendant la semaine et la passion le week-end. Mon travail est ma passion. Donc pour moi, c'est week-end tous les jours.

Mister Five-Ten

On surnomme souvent Carlos Ghosn « Mister Seven-Eleven » parce que présent au bureau de 7 heures le matin à 11 heures le soir. Concrètement comment se structure une « journée type » de Jean-Claude Biver ?

Je me lève entre 4 et 5 heures, parfois plus tôt… Je consulte d'abord mes e-mails : chaque nuit, entre 22 heures, moment où je quitte mon ordinateur, et 4 ou 5 heures, environ cent e-mails sont arrivés. J'y réponds immédiatement. Ma journée commence. À 8 heures je pars pour la manufacture à Nyon et j'arrive à mon bureau à 8 heures et demie. Pour reprendre l'exemple que vous citez à propos de Carlos Ghosn, je suis pour ma part plutôt « Mister Five-Ten ». *(Grand éclat de rire.)*

Je peux travailler quinze ou vingt heures par jour et trois cent soixante jours par an ; je n'ai jamais l'impression de travailler. Quelqu'un de passionné n'arrête jamais. S'investir au maximum n'est pas synonyme de travail si ce que vous faites est synonyme de passion. Et j'ai la chance d'être dans ce cas. Je peux déconnecter quelques heures, mais pas quinze jours. Je vis en permanence avec ma passion.

Certains estiment que le surinvestissement personnel et la boulimie de travail risquent d'entraîner des prises de décision erronées. Partagez-vous ce point de vue et quels sont les garde-fous qu'il faut mettre en place ?

On ne peut rien réussir tout seul. Comme tous les passionnés, je suis boulimique de travail. Mais mon style de management est basé sur la recherche systématique du consensus. J'essaie de ne jamais rien imposer, mais de faire partager mes idées. Je ne veux pas les mettre en application sans avoir fait adhérer mon équipe. C'est toujours l'équipe qui fait gagner. D'où l'importance de savoir s'entourer de collaborateurs compétents. Le chef d'entreprise est un chef d'orchestre ; il ne peut pas être en même temps le meilleur pianiste et le meilleur guitariste.

La passion est indispensable à la réussite mais pensez-vous qu'elle puisse être « mauvaise conseillère », faute d'avoir pris suffisamment de recul ?

N'ayons pas peur de la passion et si, de temps en temps, il peut y avoir des excès, ceux-ci sont largement compensés par tout ce que la passion apporte de positif. Elle est synonyme de tellement d'enrichissement que l'on peut supporter ses excès passagers.

Autre passion essentielle pour vous : le sport. Plus exactement LES sports que vous pratiquez régulièrement. Vous avez été champion de ski universitaire du Luxembourg, vous avez couru le marathon de New York, vous faites régulièrement du vélo – plusieurs milliers de kilomètres par an –, du ski, de la voile.

Je crois que tout entrepreneur est un sportif, pas nécessairement dans l'exercice physique, mais dans sa tête. Être sportif ça veut dire avoir une hygiène de vie, une discipline, une endurance, apprendre de ses défaites. Le sport est un moyen d'éducation et d'enrichissement extraordinaire puisqu'il vous apprend à vous connaître, à vous discipliner, à transformer des échecs en succès. Le sport est probablement une des meilleures écoles non seulement de l'entrepreneur, mais de l'homme tout court.

Chapitre 2

« Tu partageras, tu respecteras et tu pardonneras »

Vivre son éthique au quotidien

Gérard Lelarge : *Vous êtes un homme de passion, on vient de le voir, mais aussi de conviction. Votre comportement est fondé sur ce que vous appelez vos « trois commandements » : partager, respecter, pardonner. Comment ces trois commandements – que vous avez écrits avec le rouge à lèvres de votre épouse sur le miroir de la salle de bains de vos enfants – se traduisent-ils dans votre quotidien de grand patron ?*

Jean-Claude Biver : Mon premier commandement est le partage. Quand vous partagez vos doutes et même vos échecs avec votre équipe, vous renforcez vos liens avec elle. Un patron qui dit à son équipe : « J'ai des doutes » ou « Je me suis trompé » est un patron que l'on a envie d'aimer et surtout envie de suivre. Mon deuxième commandement est le respect. Par exemple, en respectant vos fournisseurs, vous en faites des partenaires, qui de ce fait seront prêts à coopérer davantage et à apporter des idées nouvelles. Enfin mon troisième commandement, le plus important, est le pardon. Il faut pardonner l'erreur. Ne pas le faire paralyse le collaborateur. Au contraire, celui qui sait qu'il sera toujours compris et pardonné pour la faute qu'il a commise aura envie d'entreprendre. L'erreur est inhérente à l'activité : on ne peut pas attendre d'être sûrs à 100 % pour décider. Si l'on attend, on décide trop tard : le train a déjà quitté la gare ! Dans les affaires il faut être visionnaire ; or la vision implique l'incertitude, donc le risque de se tromper.

Grâce à vos « trois commandements » vous cherchez à être le même homme à la maison et au travail. On peut imaginer que ce type de comportement est pour vous une source d'harmonie, donc un élément essentiel à votre épanouissement.

J'ai effectivement le privilège d'avoir une seule éthique. Si je devais en changer dans mon métier, je ne serais pas en harmonie. Or un homme qui n'est pas en harmonie est un homme faible ; la force vient de l'harmonie. Et celle-ci ne peut venir que de l'amour. Partager, respecter et pardonner sont des commandements d'amour, faciles à comprendre parce que d'application directe, quotidienne.

Pour rester dans le domaine de la conviction, quelle est votre position vis-à-vis de la religion ?

La religion est une nécessité : l'homme a besoin de repères. Dans le passé, l'éthique était enseignée par les parents, la religion et l'école ; ces trois acteurs convergeaient pour apporter aux enfants des valeurs et des principes. Aujourd'hui on estime, probablement à tort, que ce n'est plus le rôle de l'école. Pour leur part, les parents ne jouent pas toujours pleinement leur rôle : un parent sur deux est divorcé et la plupart des femmes travaillent et sont moins disponibles pour leurs enfants. Enfin je pense que la religion ne joue plus tout à fait son rôle car elle ne s'est pas suffisamment adaptée au langage de la jeunesse : elle parle encore trop souvent comme si nous étions au Moyen Âge. C'est la raison pour laquelle j'ai défini pour mon éthique personnelle mes trois commandements. Et finalement je peux déclarer que j'ai l'Amour comme Principe, l'Ordre comme Moyen, la Vérité comme But.

Chapitre 3

« On doit toujours être le premier, différent et unique »

Devenir et rester leader

Inventer de nouveaux chemins

Gérard Lelarge : *Si l'on aborde maintenant plus directement le monde des affaires, « être toujours le premier, différent et unique » est pour vous un mot d'ordre essentiel.*

Jean-Claude Biver : Ce mot d'ordre que j'ai fait mien doit probablement être vieux comme le monde. J'ai pour ma part instauré cette « banalité » comme une règle à respecter impérativement pour définir notre stratégie. Je pense en effet que si vous êtes premier, différent et unique, vous ne pouvez en principe pas perdre. Cette règle nous oblige à chercher de façon obsessionnelle des idées nouvelles, qui sans cela ne nous seraient parfois pas venues à l'esprit. Un seul exemple : Hublot est entré dans le football en 2005, alors que ce sport pouvait, *a priori*, sembler très éloigné des valeurs d'une entreprise de luxe.

Pour vous « no innovation, no life; no innovation, no future ». *L'innovation est nécessaire pour survivre. Elle est le meilleur antidote à la crise.*

Cela est exact : « pas d'innovation, pas de futur ». Mais dans l'horlogerie suisse, il faudrait aussi ajouter : « pas de tradition, pas de futur ». Nous devons impérativement innover dans la tradition et surtout ne pas nous contenter seulement de la répéter. Répéter la tradition est le rôle du musée, pas de l'entreprise. La tradition doit être la base sur laquelle on construit l'innovation. Combiner le passé et le futur, la tradition et l'avenir est l'« art de la fusion » qui caractérise Hublot.

J'aime faire autrement, inventer de nouveaux chemins, conquérir de nouveaux territoires. Être en rupture et innover en permanence permet de progresser. C'est ce que j'ai fait de façon systématique tout au long de mon parcours. J'ai réussi parce que j'ai su être différent et parce que j'ai eu le courage de faire autrement. Le message à faire passer aux jeunes qui se lancent est clair : peu importe que vous n'ayez pas les moyens. L'essentiel est non seulement d'avoir la passion, mais d'oser innover et d'avoir le courage de se tromper.

Il faut selon vous dépasser ce que l'on a appris et sortir du cadre dans lequel l'enseignement nous enferme.

L'école est certes importante mais elle peut avoir tendance à nous formater. Ne suivons pas systématiquement ce que dit le livre d'école. J'ai même tendance à dire parfois : faisons le contraire de ce qu'il enseigne ! Veillons à ne pas perdre notre spontanéité et notre créativité. Picasso disait : « On met longtemps à devenir jeune. » Sortons des idées reçues, n'ayons pas peur d'innover, d'être différents. Sachons être agiles, opportunistes, obstinés et ne craignons pas les erreurs et les échecs, ils sont formateurs et nous rapprochent du succès.

Si la composante financière est indispensable à l'expansion de l'entreprise, selon vous, l'argent est moins important que la créativité lors de la phase de conception. Vous allez même jusqu'à affirmer : « La créativité peut remplacer l'argent. »

La créativité est effectivement déterminante pour le succès. Si vous créez avec beaucoup d'argent une montre qui ne répond pas aux désirs du marché, votre projet échouera. L'élément capital est l'idée ; mais une idée qui n'a pas de marché ne peut pas avoir de succès. La créativité seule ne suffit pas ; l'argent seul ne suffit pas. L'argent ne peut soutenir qu'un projet qui est en phase avec un besoin.

Maîtriser l'art de la provocation

Vous avez d'évidence innové à plusieurs titres, non seulement dans les montres elles-mêmes, mais aussi dans la façon de les vendre. En 1984, vous réussissez par exemple à vendre des montres Blancpain à la foire de Bâle, sans les montrer (!), mais en mettant en avant les valeurs spécifiques de la marque.

Lors de cette foire de Bâle, qui est le grand rendez-vous annuel de la profession, voulant être, comme je le disais, « le premier, différent et unique », on décide de ne RIEN montrer ! C'était bien évidemment très provocateur : imaginez un défilé de mode sans mannequins ! Nous ne présentons donc pas de montres, mais nous mettons en exergue notre message : « Depuis 1735, il n'y a jamais eu de montres Blancpain à quartz et il n'y en aura jamais. » Nous disons à nos clients : avant de regarder l'objet, vous devez comprendre ce que celui-ci veut vous communiquer. C'est seulement quand je sais ce qu'est Blancpain, quand je comprends ce qui se cache derrière ce nom, que je peux comprendre, apprécier et finalement vouloir acquérir l'objet.

Comprendre ce qu'est la montre, comprendre la philosophie de la marque et connaître son histoire permettent de regarder la montre autrement.

Exactement. C'est cela l'art de la provocation. Provoquer pour provoquer est stérile. Derrière la provocation doit se trouver la substance. Notre démarche était certes provocatrice mais elle avait un sens profond : faire comprendre ce qu'est l'objet.

Comment votre initiative est-elle perçue par les organisateurs de la foire ?

Nous créons un tollé : la direction générale de la foire comprend bien que si tout le monde fait la même chose il n'y aura que des vitrines sans montres ! Donc nous nous engageons sur l'honneur à ne pas répéter cet exercice, faute de quoi nous n'aurions plus de stand. Et l'année suivante, nous ne présentons qu'UNE seule montre ! *(Grand éclat de rire.)*

Une autre année, vous affichez devant votre stand un panneau « Complet » ?!

C'est le principe du choix d'un restaurant : vous choisissez celui où il y a beaucoup de monde. Le monde attire le monde. Pour attirer des clients, il faut dire que c'est complet. La veille au soir, on prend donc le panneau « Complet » d'un restaurant et on l'affiche à la porte du stand Blancpain. Bien sûr, là encore cela crée un tollé : « Mais pour qui se prennent-ils ?! » Et grâce à ce tollé, les gens s'intéressent encore plus à nous !

Innover dans tous les domaines

Vous innovez également dans la façon de présenter vos montres, tant sur le plan commercial que technique. À Paris, j'ai vu dans la boutique Hublot de la place Vendôme un mécanisme qui fait apparaître la montre et la déplace.

Effectivement, si nous voulons montrer que nous sommes à l'avant-garde de l'innovation et de la technologie, la manière dont nos montres sont présentées doit elle aussi être à l'avant-garde. C'est une question de cohérence de nos actions. Ainsi chaque année nous innovons dans la technologie des vitrines. Là encore nous sommes premiers, différents et uniques, car rares sont nos concurrents qui investissent dans la R&D des vitrines… Aujourd'hui le consommateur veut une vitrine interactive, une vitrine animée et pas uniquement une vitrine statique avec un produit inerte à l'intérieur. Nous avons par exemple investi plusieurs millions de francs suisses pour mener des recherches dans le domaine des vitrines sans verre sécurisées. Ce que l'on appelle le Raptor permet de présenter des montres en toute sécurité puisqu'elles disparaissent dans le socle à la vitesse de 2 mètres par seconde (!) dès qu'approche un corps étranger. Nous avons l'exclusivité de ce brevet pour vingt ans et ce sont des vitrines très intrigantes et spectaculaires car elles permettent de présenter des montres de plus d'un million de dollars sans verre de protection !

En 2012, vous présentez à la foire de Bâle une montre Hublot inspirée de ce que l'on appelle « la machine d'Anticythère », mécanisme inventé dans l'Antiquité grecque. Là aussi, vous innovez en reproduisant le passé, un passé très lointain !

C'est une histoire merveilleuse. Cette « machine » a été découverte par des plongeurs en 1901 dans l'épave d'un bateau romain près des côtes de l'île d'Anticythère au large de la Crète. Elle aurait été construite et conçue par Archimède environ cent dix ans avant Jésus-Christ et l'on considère aujourd'hui qu'elle est le premier calculateur astronomique permettant d'indiquer la marche de la Lune, du Soleil et de tous les astres. Au fond de l'épave, on découvre dans une boîte de 35 centimètres des roues, des axes, des engrenages et un mécanisme fabuleux qui comprend trois calendriers : métonien, grec et égyptien. La machine d'Anticythère indique les phases de la Lune avec une précision de soixante-douze ans, ce qui signifie, au bout de soixante-douze ans, un décalage d'un jour par rapport à la position réelle de la Lune dans le ciel ! Pour construire cette machine, il fallait donc connaître la rotation de la Lune à la seconde près, la déviation correspondant à 0,15 seconde par jour ! La machine d'Anticythère indique aussi les éclipses de la Lune et du Soleil et établit tout le calendrier des astres.

Avec le soutien et l'aide du Musée archéologique d'Athènes et de son conservateur Yanis Bitsakis qui a travaillé avec nous et chez nous à la manufacture pendant trois ans sur le projet, nous réussissons à copier le mécanisme sous forme de montre, dans une dimension de 35 millimètres (la machine d'Anticythère mesurant 35 centimètres). Finalement nous réalisons trois montres, qui sont la copie parfaite de la machine d'Anticythère à laquelle nous ajoutons deux aiguilles pour indiquer l'heure et la minute. Puisqu'il n'est pas question pour nous de vendre ces trois montres, nous faisons donation d'une montre au Musée national archéologique d'Athènes et d'une autre au musée Hublot. La troisième est vendue aux enchères au profit du Musée archéologique d'Athènes afin de financer la poursuite des études sur Anticythère. Bien que nous puissions aujourd'hui produire ces montres d'Anticythère et les vendre, nous refusons de le faire, car nous estimons que ce trésor appartient à l'humanité et qu'il est hors de question de commercialiser un morceau du patrimoine de la culture de l'homme.

Cette montre d'Anticythère est la plus compliquée que nous ayons fabriquée. Nous n'aurions jamais pensé construire une montre avec des phases de la Lune d'une précision de 0,15 seconde par jour. La montre d'Anticythère nous a beaucoup appris. Si l'on m'avait dit que nous allions apprendre d'une technologie conçue cent dix ans avant Jésus-Christ, j'aurais répondu que cela n'est pas possible.

En 2014, Hublot parraine une nouvelle plongée sur le site d'Anticythère, grâce à un nouveau scaphandre ultramoderne. Pouvez-vous nous en dire plus sur cette opération préparée dans le plus grand secret ?

Un deuxième bateau ayant été identifié près de l'épave où avait été retrouvée la machine d'Anticythère, Hublot a décidé de sponsoriser cette nouvelle exploration grâce à un projet de scaphandre unique au monde, baptisé « Exosuit », et développé par une société américaine. Outre le fait de disposer ainsi d'images exclusives, Hublot pourra tester ses prototypes horlogers à de grandes profondeurs. Ce qui est, bien sûr, un atout considérable.

Chapitre 4

« Demain doit être meilleur qu'hier »

Réaliser l'impossible

Passer de Toutânkhamon à Magic Gold

Gérard Lelarge : *Hublot réussit à la fois à redonner naissance à un mécanisme né plus de cent ans avant Jésus-Christ et à créer un nouvel alliage révolutionnaire : l'or inrayable avec Magic Gold, qui permet de se projeter totalement dans le XXI*ᵉ *siècle. Vous présentez cet alliage or et céramique en 2011. Quelle est l'origine de ce nouveau matériau et quelles en sont les caractéristiques ?*

Jean-Claude Biver : En général la plupart des montres haut de gamme ont été fabriquées dans des métaux comme l'or, le platine, l'acier (fin du XIXe et début du XXe siècle) et le titane (fin du XXe siècle). On peut ajouter l'argent, bien que ce métal ne fût pas spécialement utilisé pour des montres de très haut de gamme. Hublot a toujours été très actif dans la recherche en métallurgie et nous avons eu l'idée de chercher à supprimer, grâce à la technologie des alliages, les deux principales faiblesses de l'or 18 carats : d'une part sa fragilité et donc sa propension à se rayer facilement (une montre en or qui n'est pas neuve présente toujours des rayures) et d'autre part sa propension à s'oxyder (l'or jaune 18 carats s'oxyde avec le temps).

Nous nous sommes dit : si nous réussissons à créer un « nouvel or 18 carats », nous aurons fait progresser ce métal précieux – chaque siècle devant amener des améliorations dans tous les domaines – et nous serons une fois de plus premiers, différents et uniques. Demain doit être meilleur qu'hier. L'hymne national suisse le chante : le soleil se lève et présage d'un jour meilleur qu'hier, les termes exacts étant : « Le soleil annonce un brillant réveil et prédit d'un plus beau jour le retour. »

Nous avons donné mandat à l'École polytechnique fédérale de Lausanne (EPFL) – une des neuf meilleures écoles polytechniques au monde – et au professeur Andreas Mortensen (responsable du laboratoire de métallurgie mécanique à l'école) de faire de la recherche fondamentale sur un or inrayable. Il fallait effectivement que ce soit de la recherche fondamentale : nous ne pouvions pas faire de la recherche appliquée, les chances d'aboutir étant extrêmement faibles et le risque de ne rien trouver ou de trouver autre chose que ce que l'on cherchait étant important.

Au final, grâce à un alliage or et céramique, nous sommes parvenus à transformer l'or 18 carats et à lui donner deux caractéristiques inédites et exclusives : a) il ne peut être rayé (sauf par le diamant, matériau le plus dur connu et qui peut tout rayer) ; et b) il ne s'oxyde pas. Il s'agit donc d'une véritable révolution, la première grande révolution dans les alliages depuis Toutânkhamon.

Cet or de 18 carats pèse moins que le 18 carats disons « traditionnel ». Question peut-être stupide : est-ce à dire qu'il est possible de fabriquer une montre avec moins d'or ?

Non ! Ce serait illégal ! *(Grand éclat de rire.)* Il n'y a pas moins d'or ! Sur un kilo d'or 18 carats, vous avez 750 grammes d'or pur et 250 grammes d'alliage. L'or pur étant à 24 carats, l'or à 18 carats est du 18/24. C'est pourquoi l'or à 18 carats est aussi appelé « or 750 ». Avec le Magic Gold, nous avons toujours 750 grammes d'or pur – sinon on ne serait pas en 18 carats –, mais le poids de l'alliage est beaucoup plus léger, donc l'ensemble est lui aussi beaucoup plus léger. Le titrage de notre or est même un peu supérieur à 750 : il se situe à 760, soit au-delà du seuil.

Pour produire ce nouvel or, Hublot s'est doté d'une fonderie spéciale.

Nous avons dû effectivement construire un véritable laboratoire métallurgique avec entre autres des fours sur mesure qui travaillent sous 2 000 bars, c'est-à-dire l'équivalent d'une pression de 20 000 mètres sous l'eau, et qui chauffent à 2 200 degrés.

Chercher, encore et toujours

Disposez-vous de brevets – on peut imaginer d'une valeur inestimable – pour d'autres métaux que l'or ?

Oui, le procédé pouvant s'étendre à l'argent et au platine, nous avons déposé des brevets qui nous protègent et nous donnent l'exclusivité pendant vingt ans. Il peut aussi s'étendre à l'aluminium (nous savons faire de l'aluminium inrayable et inoxydable !), mais nous n'avons pas pu déposer de brevet puisque existaient déjà des brevets très proches.

Nous en déposerons très prochainement pour d'autres matériaux tels la céramique rouge et le lin, car le développement et la création ne doivent jamais s'arrêter.

Cet or a-t-il une couleur particulière, disons un « jaune Hublot », comme existe le « rouge Ferrari » ?

L'or jaune 18 carats peut avoir plusieurs couleurs : rouge, rose, jaune, vert. Puisque nous avions déjà dans nos collections de l'or jaune, de l'or rose et de l'or rouge, nous avons choisi de lancer la première montre en Magic Gold (nom donné à notre or 18 carats inrayable et inoxydable) dans la couleur de l'or vert. Esthétiquement c'est une couleur assez technologique ; et de fait la première montre en Magic Gold produite l'a été pour la collection Ferrari. Mais nous prévoyons évidemment de fabriquer notre Magic Gold dans d'autres coloris et bien entendu pour d'autres collections.

Chapitre 5

« Une montre haut de gamme n'est pas faite uniquement pour donner l'heure »

Dépasser la fonction de l'objet

Comprendre la fonction d'un produit de luxe

Gérard Lelarge : *Pour vous « un produit de luxe indique qui vous êtes ». Une montre de haute horlogerie représente un indéniable signe de réussite sociale. Vous expliquez : « La montre est un outil de communication. »*

Jean-Claude Biver : Aujourd'hui une montre suisse de qualité peut communiquer votre goût, votre sens de l'esthétique, votre niveau social, votre personnalité, etc. Parce qu'elle est un outil de communication, la montre communique davantage sur qui vous êtes qu'elle ne vous informe de l'heure exacte. Elle a donc une valeur beaucoup plus grande que si elle était restée un simple garde-temps. La montre a d'autres fonctions que celle d'indiquer l'heure. Elle a des fonctions irrationnelles, de statut-symbole, d'émotion, de rêve. Et celles-ci sont aujourd'hui plus importantes que l'indication de l'heure – qui est finalement banale et qui se trouve « gratuitement » partout.

Pourtant, cet instrument qui fait tic-tac et qui date de près 400 ans est désuet sur le plan technique parce que relativement imprécis – pour indiquer l'heure, mon téléphone est plus précis que ma montre –, en revanche, et cela est remarquable, il est un morceau « d'éternité » dans un boîtier. En effet, un mouvement mécanique de qualité pourra être réparé et entretenu aussi longtemps qu'existera un être humain capable de manier avec précision pincette et tournevis. La montre représente aussi l'amour, la passion et le savoir-faire des hommes qui l'ont fabriquée. Nous avons affaire à un morceau du patrimoine culturel, à un art et à une culture ! Bien sûr, les machines aident à fabriquer les composants, mais les montres sont faites par des hommes qui transmettent à l'objet leur passion, leur maîtrise, leur excellence et donnent ainsi naissance à l'âme de la montre. Votre montre a une âme et la porter est autre chose que porter un ordinateur à votre poignet...

Vaincre l'obsolescence de la technologie

Pour vous, l'industrie japonaise n'a pas réussi à faire évoluer le rôle de la montre, qui reste uniquement un moyen d'indiquer l'heure. D'où un handicap certain.

Le Japon est un pays qui a une énorme tradition, une culture extraordinairement raffinée, d'une grande subtilité et d'une immense richesse. Il dispose aussi d'une technologie très avancée. L'industrie japonaise est fondée en grande partie sur la technologie et l'horlogerie a elle aussi suivi cette voie technologique. Or quand vous fabriquez de la technologie, vous fabriquez de l'obsolescence. La technologie est appelée à être dépassée puisque tous les ans des inventions apparaissent. Au contraire de la technologie, l'art ne devient jamais obsolète. Un tableau de Matisse ou de Renoir peut ne pas plaire à la nouvelle génération mais il ne peut pas être obsolète. Une valse de Strauss n'est pas obsolète. Les Japonais, que j'aime beaucoup et que je respecte énormément, ne se sont pas concentrés sur l'art horloger, mais sur la technologie horlogère ; ce qui est totalement différent.

Apple et Samsung ont engagé une bataille féroce quant au lancement d'une Smartwatch, encore appelée « montre intelligente » ou « montre multifonction » puisque permettant de communiquer avec des téléphones, des ordinateurs, des tablettes, d'accéder à un calendrier, à la météo, de lire ses e-mails, etc. À l'automne 2014, Apple lance sa montre connectée, la Watch. Qu'en pensez-vous ?

Je dirais que c'est une belle prouesse technologique et que la montre représente bien l'ADN de Apple. En revanche, je ne suis pas certain que cette montre me fasse beaucoup rêver, même si je pense quand même que je vais me l'acheter.

Selon vous, les montres connectées peuvent-elles faire un jour concurrence notamment aux montres suisses haut de gamme ? Souvenons-nous que Jonathan Ive, vice-président d'Apple et responsable du design, a promis de « faire trembler la Suisse » !

Concernant cette éventuelle concurrence, je rappellerai que la technologie est condamnée à l'obsolescence ; ce qui n'est pas le cas de la haute horlogerie, synonyme d'art et d'éternité. L'horlogerie traditionnelle se concentre sur des produits destinés à durer toute une vie, et non pas sur ceux qui changent tous les deux ans. Ainsi les montres connectées et les montres de haute horlogerie, qui sont donc des produits très différents, ne sont pas concurrentes, tout au plus sont-elles complémentaires. En revanche, les montres connectées peuvent être rivales des traditionnelles d'un prix inférieur à 1 000 euros qui s'adressent à une clientèle qui ne recherche pas nécessairement le prestige de l'art horloger.

La marque TAG Heuer, qui vise une clientèle plus jeune que dans le passé (le partenariat avec Cristiano Ronaldo comme ambassadeur de la marque étant significatif de cette nouvelle stratégie) va jouer un rôle important sur le marché de la montre connectée, comme vous venez de l'annoncer au Salon international de l'horlogerie BaselWorld 2015.

Effectivement TAG Heuer s'allie à Intel et à Google pour lancer une nouvelle montre connectée avant la fin de l'année. C'est une alliance extraordinaire qui marie la technologie de la Silicon Valley et l'horlogerie suisse, synonyme de luxe, de beauté, d'émotion.

Le partenariat avec Intel et Google était nécessaire car nous n'avons en tant que horloger pas accès à l'ensemble de la technologie (hardware et software) qui nous permettrait de fabriquer, contrairement à nos montres mécaniques, une montre connectée 100 % chez nous. D'où l'importance de nous allier à nos deux partenaires (Intel et Google) pour fabriquer un produit capable de rivaliser avec toutes les autres montres connectées. « Celui qui peut le plus, peut le moins. »

Qu'elles seront les caractéristiques de cette première montre de luxe connectée ?

Précisons que le modèle sera la Carrera de TAG Heuer créée en 1963. Elle sera la première montre équipée du système d'exploitation « Android Wear » de Google. Elle sera bien évidemment très différente des autres montres connectées. Tout ce que nous faisons doit être premier, différent et unique. Mais avant tout la montre connectée de TAG Heuer doit représenter tous les codes esthétiques de TAG Heuer ainsi que l'entier de son ADN. Et, au-delà des fonctions attendues d'une montre connectée, la nôtre aura des applications spécifiques liées à la marque TAG Heuer.

Attendre et comprendre… avant d'acheter

Vous avez défini un produit de luxe comme « une spécialité que l'on a repérée et que l'on doit attendre pour se l'offrir ». Une sorte de « préparation », disons de « mise en bouche », est donc nécessaire pour jouir pleinement d'un produit de luxe ?

Le vrai luxe concerne toujours des objets qui ont un héritage, un savoir-faire, une tradition, de la substance, une qualité objective et un service attentionné. Et l'art horloger est un héritage transmis par le maître. Pour comprendre l'art et la passion des hommes et des femmes qui fabriquent les montres, pour comprendre la magie de la main et des doigts, il faut, c'est vrai, une certaine sensibilité et une certaine culture. Il faut aussi une certaine préparation pour comprendre ce que fait Hublot : on le sait, Hublot ne se contente pas de répéter le passé mais lui ajoute des éléments du futur. C'est la « fusion » qui caractérise Hublot en mariant hier à demain. D'où le conseil que je donne : « Attendez d'avoir compris notre message avant d'acheter Hublot. Achetez d'abord d'autres montres. Vous achèterez Hublot plus tard ! » Je dis parfois des montres Hublot qu'« elles sont décalées et différentes » ! *(Grand éclat de rire.)* Dotées d'un design très original, ces montres ont une esthétique qui, d'emblée, ne plaît pas forcément. En revanche, elles plaisent à ceux qui ont déjà acheté d'autres montres de luxe et à ceux qui comprennent l'art.

Conjuguer luxe – art – passion – amour

Comme vous le savez, une marque de luxe a une grande capacité à faire rêver sur un univers d'exception et sur un mythe. On peut imaginer que vous partagez ce point de vue.

Bien sûr. C'est d'ailleurs pour cela que Hublot sponsorise le football et fait rêver les jeunes. Si les jeunes voient des Hublot depuis l'âge de 15 ans, Hublot sera pour eux un mythe, une icône quand ils auront 30 ans. Louis Vuitton par exemple est une marque icône. Avec le luxe, nous sommes dans l'univers de l'irrationnel, du rêve et de l'art : l'art c'est un peu du rêve, de l'émotion. Et surtout l'art est de l'amour car il est exercé par un passionné et la passion est une forme d'amour. Hublot est dirigé par des passionnés et ses horlogers sont eux aussi des passionnés.

Au-delà des matériaux utilisés et du temps passé par des artistes et des artisans d'exception, un produit de luxe ne doit-il pas, par essence, être cher ?

Un produit de luxe est souvent cher, car souvent synonyme d'excellence. Il est donc par définition plus cher qu'un produit fabriqué à la chaîne. Mais au-delà, le produit de luxe permet d'acquérir un petit morceau de légende, de rêve, de patrimoine, de culture et d'éternité.

Peter Drucker écrivait : « C'est le consommateur qui détermine ce qu'est l'entreprise. Ce qui est important, c'est ce que le consommateur croit acheter, c'est sa propre conception de la valeur qu'il attribue au produit. » Selon vous en matière de création, qui décide ? Le client ou l'entreprise ?

Les deux. Dans le domaine de l'art – en technologie, c'est différent –, la demande du client est difficile à appréhender. Donc nous nous occupons relativement peu des études de marché. Nous cherchons à bien connaître notre client et nous essayons de lui faire des suggestions pour répondre à un besoin futur ou pour éveiller de nouvelles émotions. Ainsi au final, c'est bien le client qui décide : s'il ne sait pas dire précisément ce qu'il veut, il sait nous répondre : « Oui, ça j'aime. » Il faut devancer les attentes du client. Comme l'écrivait Steve Jobs, « les gens ne savent pas ce qu'ils veulent tant qu'ils ne l'ont pas sous les yeux ». Il avait raison. Et il citait Henry Ford : « Si j'avais demandé à mes clients ce qu'ils désiraient, ils m'auraient répondu : "un cheval plus rapide !" »

Pour revenir au domaine des produits de luxe, j'aimerais faire référence à une réflexion de Gaston Bachelard. Il écrivait dans La Psychanalyse du feu *: « La conquête du superflu donne une excitation spirituelle plus grande que la conquête du nécessaire. » Il ajoutait : « L'homme est une création du désir et non pas du besoin. » Partagez-vous cette analyse ?*

Oui. C'est ce qui fait la richesse du produit de luxe. Le luxe est le superflu. Même si à un moment donné le luxe est le retour à la simplicité.

Chapitre 6

« Avec les montres je retrouvais la machine à vapeur de mon enfance »

Réussir ses premiers pas

Apprendre à vendre de l'émotion

Gérard Lelarge : *En 1975, vous vous installez dans la vallée de Joux, berceau de l'horlogerie suisse. Le choix de ce lieu est symbolique d'une volonté de vous immerger dans ce milieu de tradition et d'excellence. Vous faites vos premiers pas chez Audemars Piguet. Vous êtes reçu par l'administrateur délégué, Georges Golay, qui vous engage immédiatement. D'où, bien sûr, à la fois une immense joie et une grande opportunité : celle d'apprendre le métier.*

Jean-Claude Biver : Grâce à Frédéric Piguet, père de mon ami Jacques Piguet, je décroche comme jeune licencié HEC mon premier job, mais pendant un an je n'aurai pas de bureau, pas de ligne de téléphone, pas de secrétaire, pas de cartes de visite, pas de voyages et en plus seulement un demi-salaire… Georges Golay, administrateur délégué d'Audemars Piguet, m'explique que je n'en ai pas besoin. Il me dit : « Le job, dans un premier temps, c'est d'apprendre dans les ateliers ce qu'est le métier. Vous regarderez, vous écouterez les horlogers et vous apprendrez la tradition et l'art horloger à travers les hommes et leur style de vie. » C'est ce que je fais et pendant huit mois je découvre le métier et la passion de ces hommes. Cette expérience et surtout la fascination pour l'art horloger me permettent non pas seulement de vendre une ou plusieurs montres, mais surtout de raconter le monde merveilleux de l'art horloger et de faire rêver mes clients avant de leur vendre une montre.

D'évidence on donne plus envie d'acheter en racontant une histoire qu'en montrant un objet. C'est un principe essentiel que je continue d'appliquer : pour vendre la marque, on doit d'abord savoir créer des émotions et faire rêver. Or aujourd'hui beaucoup de produits ne racontent plus d'histoires et rares sont les entreprises qui savent encore créer des émotions et des rêves.

De façon tout à fait logique, vous avez de l'ambition. En tant que jeune collaborateur, vous souhaitez progresser et faire carrière dans l'entreprise. Mais vos espoirs sont vite déçus.

J'avais bien évidemment de l'ambition, mais aussi la certitude que je pouvais faire certaines choses différemment et même mieux. Mon ambition naît de ma volonté ; quand vous avez la conviction que vous pouvez faire mieux et que vous êtes passionné, vous voulez mettre en œuvre vos idées pour infléchir les choses. Hélas ! Georges Golay ne m'a pas laissé faire. Il m'a dit : « Oui, vous ferez autrement... dans quatorze ans. » Donc à 43 ans ! Et quand on a 29 ans, on croit que 43 ans c'est vieux. C'est donc plus l'impatience que l'ambition qui m'a fait quitter Audemars Piguet.

D'où l'importance pour l'entreprise de savoir, comme on dit, « retenir les talents », « fidéliser les meilleurs ». Là encore sans anticiper sur ce que vous direz sur votre mode de management des hommes, quels grands principes de gestion pouvez-vous dès maintenant mettre en avant ?

Là encore, mes trois commandements. La fidélisation des hommes passe par le partage, le respect, le pardon. D'abord le partage : si vous rejetez les idées de gens valables, si vous ne les accueillez pas, si vous ne partagez pas, un jour ils iront voir ailleurs. Il faut partager, accueillir, prendre l'idée des collaborateurs et leur demander de nous aider à la réaliser. Ensuite le respect : en le consultant, vous respectez votre collaborateur. Enfin le pardon : « Ça n'a pas marché cette fois-ci mais ce n'est pas grave, la prochaine fois nous réussirons. »

Saisir les opportunités

En 1978, vous avez 29 ans, vous quittez Audemars Piguet pour entrer chez Omega dont vous deviendrez rapidement directeur du département or.

Je vais chez Omega grâce à mon frère Marc qui dirige la section chronométrage et qui travaille directement avec le directeur marketing, Fritz Ammann, qui deviendra un de mes meilleurs amis. Fritz Ammann avait dit à Marc : « Si un jour ton frère veut venir chez Omega, on l'accueille les bras ouverts. » J'accepte tout de suite sa proposition et je deviens chef de produit de toutes les montres Omega en métal précieux, en or ou en platine. C'est une aubaine incroyable. À 30 ans, je deviens le plus jeune sous-directeur d'Omega.

La fin des années 1970 voit la naissance de la montre à quartz qui va bouleverser l'horlogerie et donner aux Japonais la possibilité d'envahir le marché avec des montres à bas prix. Pour vous le succès de la montre à quartz et donc le déclin de la culture horlogère suisse sont synonymes de la fin d'une époque, celle de la montre mécanique, chère à votre enfance.

J'ai eu beaucoup de difficultés à m'enthousiasmer pour la montre à quartz, alors que tout le monde, même en Suisse, pense que c'est le futur. À l'époque, je pensais que la montre à quartz n'était pas une vraie montre. C'est un quartz que l'on met en résonance avec un courant négatif d'un côté et un courant positif de l'autre. Sous tension, le quartz vibre plusieurs millions de fois à la seconde (!) et un transformateur convertit ces millions de vibrations en une seule vibration. C'est pourquoi l'aiguille des secondes de la montre à quartz bouge toutes les secondes, alors que dans la montre mécanique elle bouge sans arrêt. Avec la montre à quartz, on n'a presque plus besoin d'horlogers. Avec la montre à quartz, je ne vois plus ma machine à vapeur ; j'ai perdu mon jouet. C'est pour cela qu'avec mon ami Jacques Piguet nous achèterons Blancpain en 1981, pour relancer la fabrication des « vraies montres » : celles qui sont fabriquées par les mains des hommes et qui font tic-tac.

En matière d'innovation, Omega lance en 1979 la montre la plus plate du monde (moins de 2 millimètres d'épaisseur) ; c'est le projet Dinosaure. *Quelle sera la suite de ce projet ?*

Avec la montre à quartz, tout le monde avait presque au même moment accès à la même technologie ; il devient donc très difficile de se différencier. Pour essayer d'y parvenir, les marques s'orientent alors vers des miniaturisations de plus en plus extrêmes. C'est le cas du projet *Dinosaure*, une montre extra-plate, lancée en partie pour prouver ce qu'Omega est capable de faire. Mais cette montre n'aura pas beaucoup de succès commercial ; le nom était d'ailleurs bien choisi puisque les dinosaures eux aussi se sont éteints *(grand rire)* : c'était un nom prédestiné !

Mais sur le plan technique, la Dinosaure apporte des innovations importantes. C'est une montre transparente : on voit le mécanisme – enfin, ce qu'il peut y avoir comme mécanisme dans une montre à quartz *(rire moqueur)* puisque le mécanisme est situé à l'extérieur ! Cette innovation est très intéressante puisqu'une partie de sa technique permettra d'inspirer la fabrication de la Swatch. En effet, pour gagner de l'épaisseur, les horlogers transformeront le fond de boîtier en base du mouvement. La Swatch naîtra en 1982 en appliquant ce principe qui réduira considérablement le nombre de pièces et économisera du travail grâce à des gammes opératoires simplifiées.

Chercher l'idée de génie !

Le début des années 1980 voit donc la restructuration de l'industrie horlogère suisse et l'apparition de la Swatch.

Les difficultés d'Omega sont telles que les banques et la Confédération suisse décident de lancer un plan de restructuration pour l'industrie horlogère. Elles confient ce projet à Nicolas Hayek qui élabore un plan préconisant de regrouper sous un même toit toute une série de métiers et de marques pour mieux rationaliser les coûts de production. Ce toit qui accueille de nombreuses PME à qui l'on évite ainsi de mourir est la Société de micromécanique et d'horlogerie (SMH), qui deviendra plus tard le Swatch Group.

Grâce à la Swatch (qui est l'abréviation de Swiss Watch), Nicolas Hayek donnera un nouvel élan à l'horlogerie suisse. Cela en produisant moins cher que les Japonais, et surtout en créant une montre spécifique, une montre qui a une image, qui est à la mode, qui est un peu provocatrice. Et encore aujourd'hui, en portant une Swatch, vous n'avez pas le sentiment de porter une montre bon marché, même si vous l'avez achetée 50 euros. Avec une Swatch à 50 euros, vous pouvez aller partout. Le génie de Nicolas Hayek sera de donner une image de grande qualité et de rareté à une montre de ce prix ; cela ne s'était jamais fait. De même sur le plan de la distribution, alors que les montres étrangères sont vendues dans des magasins de tabac et sont étalées comme des sardines, la Swatch bénéficie d'un système de distribution sélectif, voire exclusif. Nicolas Hayek réussit à donner à ce produit une image de luxe grâce à une politique marketing digne et identique à celle d'un produit de luxe.

Chapitre 7

« Grâce à Blancpain je pouvais fabriquer une montre qui fait tic-tac »

Multiplier sa mise par près de 3000 en dix ans

Gérard Lelarge : *En 1981, Omega change de mains et vous quittez l'entreprise, déçu de ne pas pouvoir relancer la montre mécanique à une époque où tous vos concurrents vendaient des montres à quartz. Vous retournez dans la vallée de Joux. Commence alors l'aventure Blancpain, une entreprise créée en 1735 (!) et qui avait arrêté sa production au début des années 1960. Grâce à vous, Blancpain, dont le slogan était « La marque de montre la plus ancienne du monde », deviendra rapidement une grande marque de l'horlogerie traditionnelle de luxe.*

En 1981, avec Jacques Piguet, vous achetez l'entreprise pour 22000 francs suisses (environ 21000 euros). Dix ans plus tard, vous la revendez 60 millions ! Comment avez-vous réussi ce tour de force ?

Jean-Claude Biver : Tout simplement en étant premier, différent et unique. Mais aussi bien évidemment grâce à notre passion, à notre désintéressement, à notre idéalisme, à notre naïveté aussi parfois, à notre opportunisme et bien sûr à notre capacité de travail illimitée. Aussi à cause de notre foi, de notre obstination et grâce à la compétence d'une équipe qui nous entoure, nous conseille et nous aide à réaliser nos objectifs. Et enfin grâce à la qualité objective du produit. Nous avons toujours géré l'entreprise avec prudence et n'avons finalement dépensé un que lorsque nous possédions un et demi. À tel point qu'en 1992 Blancpain n'avait ni dette bancaire, ni leasing, ni hypothèque, ni prêt d'actionnaires. La société disposait de plusieurs millions de francs suisses de liquidités et elle réalisait une dizaine de millions de bénéfices par an. Elle faisait travailler une centaine d'horlogers et de maîtres horlogers. Elle valait donc largement 60 millions de francs suisses.

Oser surprendre

Vous achetez en fait simplement le nom « Blancpain ».

Oui. En 1981, l'entreprise se résume à un nom. Or un nom absent du marché pendant vingt-deux ans est un nom oublié et donc à l'époque le nom Blancpain ne vaut pas plus de 22 000 francs suisses. Jacques Piguet et moi achetons donc ce nom avec un seul objet : redonner naissance non pas à l'instrument technologique qu'est le quartz mais à une VRAIE montre – une montre qui fait tic-tac...

Votre communication est simple : « Depuis 1735, il n'y a jamais eu de montre Blancpain à quartz. Et il n'y en aura jamais. » On peut noter l'humour de ce slogan puisque Blancpain avait cessé son activité bien avant l'apparition des montres à quartz !

Notre message est clair : nous existons depuis 1735 et nous sommes fidèles à l'art. C'est pourquoi il n'y aura jamais de montre à quartz, celui-ci n'étant pas un produit issu de l'art, mais issu d'un processus technologique. Nous fabriquons des montres qui font tic-tac, qui ont des sautes d'humeur, qui s'arrêtent si on ne les remonte pas, comme celles de nos grands-parents. Donc des montres qui ne se démodent pas, qui ont une âme et qui sont éternelles ! Alors que les montres à quartz sont condamnées à l'obsolescence et à ne plus pouvoir un jour être réparées.

Innover dans la tradition

Blancpain est la première marque à revenir à la mécanique. Vous innovez donc en étant totalement à contre-courant, ce qui vous donne une très grande visibilité sur le marché.

On est effectivement très innovant par notre retour en arrière et bien sûr on éveille tout de suite la curiosité. Les gens s'étonnent : « 1735 ?! » La montre est totalement classique ; elle a un bracelet magnifique, en peau de porc, cousu à la main dans un petit atelier à Paris.

En matière de design, vous revenez également à une esthétique traditionnelle : la forme ronde. Pour quelle raison ?

On s'inspire du dessin que font les enfants : quand un enfant dessine une montre, il la dessine toujours ronde. Les horloges des clochers sont rondes ; les premières montres dessinées aux XVIe et XVIIe siècles le sont aussi. Le rond représente l'expression la plus traditionnelle de l'horlogerie.

Durer en échappant aux modes

Blancpain devient LA référence en matière horlogère.

Blancpain est l'étalon de la tradition, de l'art horloger ; et un étalon ne change jamais : il est immuable. Donc la forme de la montre ne devra jamais changer. *(JCB ponctue ses mots en frappant son stylo sur la table.)* La montre Blancpain doit être en dehors de la mode. Le seul moyen de durer est d'échapper à la mode. On choisit donc de développer l'esthétique Blancpain à travers ce classicisme.

Vous voulez rester fidèle au cœur de l'art horloger et vous revenez donc aux méthodes traditionnelles de travail et aux formes anciennes d'organisation de l'activité.

Oui, parce que tout doit être cohérent. Si je veux être cohérent et viser l'excellence, je ne peux pas fabriquer dans une usine : je dois fabriquer dans une manufacture. Dans une usine, on produit des pièces répétitives à la machine ; dans une manufacture, on travaille à la main. Si je veux être cohérent, chaque horloger doit fabriquer sa montre de A à Z. Il doit être un « horloger universel » et non pas un horloger spécialisé. L'ouvrier spécialisé (le fameux « OS ») né avec l'industrie ne sait faire qu'une partie de l'ensemble. Avec l'organisation traditionnelle du travail, chaque ouvrier sait tout faire et vient travailler quand il veut, y compris le dimanche ! On a ainsi créé beaucoup d'enthousiasme grâce à ce statut synonyme de responsabilité parce que donner de la liberté, c'est donner de la responsabilité et la possibilité d'être maître de soi, maître de son œuvre. Et cela est essentiel.

Maîtriser le visible… et l'invisible

Sur le plan technique, les réussites de Blancpain sont notoires. Ainsi Blancpain réalise et fabrique les « six pièces maîtresses de l'art horloger ». Pouvez-vous nous en dire plus ?

Une pièce maîtresse est une complication de l'art horloger que tout horloger doit réaliser pour être reconnu maître. Cet art comporte six pièces maîtresses : l'ultraplate, la phase de la Lune (la montre reproduit sur son cadran le cycle de la Lune : nouvelle Lune, premier quartier, pleine Lune, dernier quartier), le quantième perpétuel (la montre fait toutes les corrections automatiquement, année bissextile ou pas), le chronographe à rattrapante (la montre a une deuxième aiguille des secondes qui permet de mesurer des temps intermédiaires, puis de « rattraper » instantanément l'autre aiguille), le tourbillon (un dispositif qui permet d'améliorer la précision en contrebalançant les perturbations du balancier dues à la gravité de la Terre) et enfin la répétition minutes (la montre sonne à la demande l'heure, le quart d'heure et la minute).

Blancpain s'étant spécialisé exclusivement dans la fabrication de ces six pièces maîtresses, en achetant une montre Blancpain, vous étiez certain d'avoir une montre exceptionnelle. Notons que la montre répétition minutes de Blancpain coûtait à l'époque l'équivalent de 150 000 euros.

Pour Blancpain, vous développez ce que vous appelez l'« invisible visibilité », concept qui sera repris avec la All Black de Hublot. Vous expliquez ainsi que « la force d'une montre réside dans ce qu'elle a d'invisible ». Pouvez-vous nous préciser votre point de vue ?

Il faut impérativement maîtriser l'invisible, c'est-à-dire les détails que le client ne voit pas. Ce n'est pas parce que personne ne voit tel détail qu'il ne faut pas le maîtriser. C'est au contraire parce que personne ne le voit qu'il faut le faire. Si par hasard un jour un horloger démonte le mécanisme, il va dire : « Ouah ! Même là c'est poli ! » *(Cri d'admiration.)*

Au début des années 1990, vous contribuez à relancer la fabrication des montres dites « érotiques ».

Ces montres sont un art extrêmement compliqué. Les horlogers qui fabriquaient ce type de montres ont créé des sortes d'automates qui animaient des scènes : de la nature, de la vie de tous les jours, inspirées de tableaux de Fragonard et érotiques. Ces montres érotiques coûtent toutes des fortunes. La partie érotique de la montre ne se voit pas immédiatement : il faut lever un couvercle pour découvrir la scène. Chez Blancpain, on a édité un livre sur la montre érotique avec Éric Othenin-Girard. La fabrication de ces montres a été discrète : on en produisait seulement trois, quatre, cinq par an. C'est une technique très complexe qui nécessite la maîtrise des émaux : les scènes sont émaillées, en couleurs, sur des dixièmes de millimètres. Mais ont été aussi fabriquées des montres érotiques très bon marché, comme celles que l'on vend dans les magasins de tabac ! Mais c'est autre chose…

Accompagner un « grand monsieur »

En 1992 vous vendez Blancpain au groupe SMH (qui deviendra le groupe Swatch) détenu par Nicolas Hayek. Pour vous, il est le mieux à même de garantir la pérennité et la tradition de Blancpain.

Certainement. La SMH est à l'époque le premier groupe horloger du monde. Elle a une très grande maîtrise technologique mais est assez peu orientée vers les marques de luxe : la seule marque de luxe du groupe est alors Omega. Or M. Hayek souhaite aller plus haut qu'Omega. Pour monter dans l'échelle du luxe, il décide donc de faire des acquisitions ; d'où d'abord l'achat de Blancpain, puis celui de Breguet, de Jacquet Droz, de Glashütte, etc. La vente de Blancpain est du *win-win* : elle répond à un souhait de la SMH et de M. Hayek et elle nous donne la sécurité d'être intégrés à un groupe qui maîtrise parfaitement la technologie.

Quand vous parlez de Nicolas Hayek, vous dites « M. Hayek ».

Oui, je ne l'appelais pas « Nicolas », je disais toujours « M. Hayek ». Et il ne me plairait pas aujourd'hui de dire « Hayek ». C'était un grand monsieur.

Quelle image gardez-vous de lui aujourd'hui ?

Celle d'un jeune homme. Bien que le plus âgé du groupe, il était souvent le plus créatif, le plus provocateur. Il avait cette qualité invraisemblable d'être à la fois un maître de l'industrie, du commerce, du marketing, du négoce et de la finance ! Il était doué de beaucoup d'intelligence et de finesse. Il vous précédait toujours de trois pas. C'était un très grand visionnaire. Bref, un homme exceptionnel.

Transformer une déchirure en tremplin

Vous êtes à New York quand la vente de Blancpain est conclue en juillet 1992 et quand votre assistante, Rose Christen, vous téléphone pour vous le dire, vous fondez en larmes.

C'est l'horreur ! La vente de Blancpain correspond à un moment de forte déprime comme on peut en avoir quand on est un jeune entrepreneur. Je fais une parenthèse : un entrepreneur est toujours seul au moment de la décision. La solitude de l'entrepreneur est quelque chose dont on ne parle jamais. Il peut bien sûr être accompagné, il peut comme moi faire appel au consensus ; mais quand la décision doit être prise, il est seul à tenir la barre. Et cette solitude peut par moments engendrer un stress et même aller jusqu'à une sorte de dépression.

Avec le recul, je pense que Jacques Piguet et moi étions très seuls au moment de la vente ; nous avions des doutes. Et M. Hayek a été une fois encore très intelligent : il a tout de suite saisi qu'il devait faire vite car il a compris qu'on ne savait pas tout à fait ce que l'on faisait ! *(Rires.)* Blancpain était vendu ! J'ai dû annuler une réunion prévue avec Tiffany, prendre l'avion et rentrer. C'était à l'époque pour moi un drame, une déchirure terrible. Mais grâce à la vente, j'ai pu connaître M. Hayek et travailler douze ans dans le plus grand groupe horloger du monde, j'ai pu amplifier une partie de mes compétences en relançant le marketing et le produit d'Omega et tellement apprendre que j'ai ensuite pu développer Hublot et finalement vendre Hublot au groupe LVMH, avoir l'immense privilège de travailler pour le premier groupe du luxe du monde, et faire la connaissance de M. Bernard Arnault que je respecte énormément et dont je m'inspire souvent. Donc la déchirure Blancpain s'est transformée finalement en quelque chose de positif. Même si le jour de la vente j'ai cru que le monde allait s'écrouler.

Pendant plusieurs années vous regrettez la vente de Blancpain.

Oui, pendant presque dix ans. Je ne voyais pas comment je pourrais refaire quelque chose à la fois d'aussi passionnant et d'aussi différent que Blancpain car il ne faut jamais se répéter.

Vous tournez donc une page et c'est pour vous le début d'une nouvelle aventure, plus exactement d'une nouvelle success story, *celle de Hublot, une entreprise créée en 1980 par Carlo Crocco qui avait représenté la marque Blancpain en Italie. Vous achetez 20 % du capital de Hublot, vous entrez au conseil d'administration et vous devenez rapidement CEO.*

Chapitre 8

« Avec Hublot, nous marions hier à demain »

Multiplier les big bangs

Fusionner le passé et le futur

Gérard Lelarge : *Après avoir quitté le groupe Swatch fin 2003, vous souhaitez rebondir, sans trahir Blancpain. Mais pourquoi avoir choisi Hublot ?*

Jean-Claude Biver : Parce que Hublot avait dès ses débuts fusionné des matières que l'on n'associe jamais : l'or et le caoutchouc naturel. C'est comme fusionner le passé et le futur. J'avais fait, refait et maîtrisé le passé avec Blancpain, pourquoi je ne connecterais pas ce passé avec le futur ? En le faisant, je ne reproduirais pas Blancpain, mais quelque chose de différent.

Les montres, en forme de hublot, rencontrent rapidement un immense succès dans le monde entier. Ces montres, par l'utilisation de matériaux que l'on trouve dans la high-tech, sont aptes à séduire les jeunes du XXIe siècle friands de modernité.

Hublot donne une nouvelle dimension à l'horlogerie. On respecte la tradition – puisque l'on continue à faire des montres qui font tic-tac ! – mais on innove par de nouvelles matières et de nouvelles couleurs. Cette nouveauté dans la tradition séduit la jeune génération qui s'approprie vite ces nouvelles matières. La jeune génération comprend ce que Hublot fait et influence l'ancienne génération, qui peut ainsi être tentée d'acquérir ce que les jeunes achètent. Séduire les jeunes permet donc de séduire les plus âgés.

Vous qualifiez votre communication de « disruptive », en rupture avec les codes traditionnels de l'horlogerie de luxe.

Effectivement dans la mesure où nous marions des extrêmes (la tradition et le futur, des métaux précieux et des matériaux tels le carbone ou le caoutchouc), notre message est décalé. Il permet ainsi de séduire des clients très différents des cibles traditionnelles de l'horlogerie de luxe. On peut par exemple citer des sportifs de haut niveau, des rappeurs, des créateurs de start-up qui bien que millionnaires ne portent que des T-shirts et des jeans… mais aussi des montres à 200 000 euros !

Pour la création des montres Hublot, vous vous associez à un designer de renom, Miodrag Mijatovic, connu sous le pseudonyme de Mijat dans le monde de l'horlogerie avec lequel vous collaborez depuis 1982. Vous lancez le concept de « fusion », qui vise à combiner des matériaux du futur à des matières plus conventionnelles comme l'or, le platine, l'acier.

Effectivement, Mijat, comme d'autres de mes collaborateurs, m'a accompagné dans ma vie professionnelle dès 1982. D'autres depuis 1979 même, et pour les plus jeunes depuis 1996. Je crois aux équipes qui sont soudées par les années de collaboration. J'ai toujours pensé que ma force venait de mes équipes. Ce sont elles qui amènent le succès et le succès doit leur être dédié. À mes collaborateurs le partage du succès et à moi d'endosser les échecs. C'est cela ma conception du patron. Il est là pour former, transmettre, entourer, motiver et pour assumer les échecs, alors que les succès il doit les laisser aux équipes.

Hublot ne se contente pas de répéter le passé mais lui ajoute des éléments du futur. Remarquons que ce concept de « fusion » se retrouve dans d'autres domaines, comme la gastronomie, la musique ou l'architecture. On retrouve aujourd'hui cette tendance même dans les musées qui ouvrent leurs fenêtres pour faire entrer le futur en accueillant des artistes contemporains. La fusion est une tendance générale.

Détruire pour reconstruire

En 2005, vous lancez la Big Bang, qui traduit parfaitement l'« art de la fusion » propre à la marque. Lié à la création du monde, ce nom de Big Bang symbolise votre volonté de faire émerger un concept totalement nouveau.

Notre montre s'appelle « Big Bang » pour deux raisons. La première : elle « déstructure » une tradition pour en reconstruire une nouvelle. C'est exactement ce qu'a fait le big bang. La seconde : notre montre marie le caoutchouc et l'or, deux matières qui jusqu'ici n'avaient jamais été associées. Et là encore cette fusion d'éléments très différents l'un de l'autre caractérise parfaitement le big bang.

On lit souvent que la montre Hublot se compose comme un sandwich… ce qui a priori *semble particulièrement étonnant pour une montre de grand luxe. Pouvez-vous préciser ?*

Oui, la montre Hublot est la première qui s'inspire de la construction appelée « sandwich » ! Là encore, nous sommes à l'avant-garde. Habituellement, les montres sont construites comme une casserole : une montre classique est une boîte dans laquelle on met un mécanisme et que l'on recouvre d'un couvercle transparent. Avec la montre-sandwich, on a plusieurs parts superposées avec lesquelles on peut jouer en combinant différemment les matières et les couleurs.

Le succès de la Big Bang est immédiat. La montre reçoit dès sa première année le prix du Design au grand prix d'Horlogerie de Genève. Les nombreux prix internationaux décernés les années suivantes contribuent bien évidemment à accélérer la renaissance de Hublot.

Oui, parce que la montre est très innovante à la fois dans sa conception et dans ses matières. On a gagné toutes les distinctions et tous les prix possibles.

Innover dans les matériaux

Jusqu'où pensez-vous aller en matière de « fusion » de matériaux très éloignés les uns des autres ?

Les possibilités de fusion sont infinies. Au fur et à mesure que de nouveaux matériaux seront inventés, nous emboîterons le pas : Hublot a vocation à être le premier à utiliser les nouvelles matières... alors que les marques traditionnelles le feront dans dix ou vingt ans. Mais la matière utilisée doit présenter des atouts par rapport aux précédentes. Par exemple, la céramique a quatre atouts : elle est inrayable, antiallergique (c'est pourquoi on l'utilise par exemple pour fabriquer des hanches artificielles), sa couleur est inaltérable et elle est 30 % plus légère que l'acier.

Hublot continue d'innover et vous avez créé un bracelet qui réalise une « fusion » entre le croco et le caoutchouc !

Toujours dans le souci de réaliser la fusion des matières, nous avons effectivement associé le croco – qui n'est pas très étanche – et le caoutchouc. Le caoutchouc sur la peau est toujours sec et le bracelet, que ce soit du porc, de l'autruche ou du croco peut sécher au soleil.

La Mag Bang est créée en 2006 à 250 exemplaires numérotés. La presse a parlé d'ovni à son propos. Pour quelles raisons ?

Avec cette montre nous prenons la tendance de l'ultraléger. De nouvelles matières, comme les matières synthétiques et le magnésium, ont grandement contribué au progrès de la F1, des bateaux, des avions (l'A380), des ordinateurs… D'où notre idée de fabriquer des montres dans des matériaux ultralégers. Ainsi, le mouvement mécanique – le HUB44, exclusif à Hublot – et le boîtier de la Mag Bang sont en magnésium, métal le plus léger au monde. Pour la première fois, on met sur le marché une montre qui coûte plus cher que si elle avait été fabriquée en métal précieux !

En 2013, Hublot réalise une montre en céramique rouge vif grâce à un nouveau procédé de fabrication.

Là encore il s'agit sur le plan technique d'une grande première, même si la céramique rouge présente les mêmes qualités que la céramique noire et la céramique blanche. Cette montre (la Red'n'Black Skeketon Tourbillon) a rendu hommage à la couleur de la Principauté de Monaco pour la 5e vente aux enchères Only Watch organisée en 2013, au profit de la recherche sur la myopathie de Duchenne qui touche 250 000 personnes dans le monde. C'est dans le cadre de cette collecte de fonds, organisée sous le patronage du prince Albert II de Monaco, que Hublot a réalisé cette montre unique.

Innover dans le design

Vous créez des montres de diamètre plus grand : 41 et 44 millimètres, puis 48 millimètres. Comment ce boîtier, qui peut sembler surdimensionné, peut-il s'adapter aux petits poignets ?

Le plus grand diamètre possible d'une montre est celui du poignet. Jamais nous ne développerons une nouveauté sans répondre au besoin de confort du client qui doit pouvoir porter sa montre sans s'en rendre compte, quelle que soit sa dimension. Or cette notion de confort est parfois oubliée par certaines marques qui fabriquent des montres répondant à leurs contraintes techniques, telles la grandeur et l'épaisseur du mouvement, sans penser à la commodité du client et à ses attentes.

Vous me faites penser à un mot d'ordre de Carlos Ghosn, alors à la tête de Nissan : « Cessons de faire des voitures d'ingénieurs », donc techniquement parfaites, mais ne répondant pas aux souhaits des clients.

C'est effectivement une erreur fréquente que l'on rencontre notamment dans l'horlogerie. Comment concevoir un produit ou un service qui n'est pas en phase avec les attentes de ses clients ? Y compris d'ailleurs de ses clients de demain ; d'où par exemple nos partenariats avec le monde du football et la conception d'une montre pour le rappeur Jay-Z. Les marques de luxe doivent apprendre à parler à la nouvelle génération, même si elle n'a pas encore aujourd'hui les moyens d'acheter des montres chères.

Autre innovation : vous créez un modèle noir sur noir (la All Black), alors que jusqu'ici les montres noires étaient souvent bas de gamme.

Exact. La plupart des montres noires subissent un traitement spécifique – ce que l'on appelle le *physical vapor deposition* (PVD) – permettant de noircir le boîtier, mais ces montres se raient facilement et le fond n'est pas réellement noir. Notre All Black est totalement différente : elle est totalement faite en céramique noire, elle est donc inrayable et inaltérable. Vous pouvez l'exposer mille ans aux ultraviolets, la céramique noire restera noire. Autre caractéristique : tout est noir : la montre, le cadran, les aiguilles et les index ! Donc en principe invisible ! C'est notre provocation : celui qui est assis à un mètre de vous ne voit que du noir. Mais comme les aiguilles sont polies et que le reste de la montre est mat, on peut identifier les aiguilles grâce au reflet différent de la lumière sur le mat et le poli. Là encore, nous avons été précurseurs : quelques entreprises horlogères nous ont emboîté le pas et le noir est devenu tendance dans le haut de gamme.

En 2014 vous créez une collection de montres seulement disponibles dans les boutiques Hublot du monde entier.

Il s'agit de la collection *Limited Edition – Hublot Boutique Exclusive*, dont une série spéciale doit voir le jour chaque année. Le premier modèle est la Big Bang Unico All Black, dont l'ambassadeur est Usain Bolt. La fusion du noir mat avec le bleu, le rouge, le vert et l'orange permettra de décliner ce modèle.

Toujours en matière de design, vous continuez d'innover en 2013, notamment avec les montres « jeans » – vendues entre 15 000 et 18 000 euros – et les montres fluo. En quoi consistent ces deux innovations ?

Sur une idée de plusieurs de nos grands et importants détaillants, Hublot a créé une montre dont le cadran et le bracelet sont faits avec du jean italien dont le fabricant fournit tous les grands noms du luxe et de la mode. Pour la Big Bang Fluo, qui joue sur les contrastes entre le noir et les couleurs tape-à-l'œil, quatre versions sont disponibles : bleue, jaune, rose et verte, limitée chacune à 250 exemplaires numérotés.

Innover dans la technologie

Parmi les récentes créations, on peut citer l'Oceanographic 4000, capable de plonger à la profondeur de 4000 mètres, parrainée par le Musée océanographique de Monaco et la Fondation Albert Ier prince de Monaco.

Il s'agit là de montrer notre expertise et notre maîtrise de la technologie. À nouveau, Hublot a réalisé une première mondiale en fabriquant l'UNIQUE et la PREMIÈRE montre qui descend à de telles profondeurs.

Les modèles composant des collections comme Big Bang, King Power, Classic Fusion ou Masterpiece abritent des mécanismes horlogers particulièrement complexes tels que tourbillon, répétition minutes, rattrapante, foudroyante, date rétrograde, etc. On peut penser que la complexité de ces mécanismes participe au caractère spécifique, voire unique d'un produit de luxe.

L'horlogerie haut de gamme se caractérise notamment par les qualités objectives du travail et, comme on l'a déjà noté, par la quantité d'« invisibilités » maîtrisées, c'est-à-dire de finitions à des endroits que le client ne voit pas. L'horlogerie haut de gamme se distingue aussi par la complexité et la difficulté de réaliser le mouvement : plus un mouvement est difficile à fabriquer, plus vous êtes certain d'être différent des autres, voire d'être unique.

Pour les « montres à complications », Hublot a créé une collection spécifique, la collection MP, *pour* MasterPiece. *De quelles montres se compose cette collection ?*

Il s'agit de montres aux mouvements hors du commun qui sont le fruit des dernières recherches dans les domaines de la mécanique et de l'ingénierie. La première pièce de la collection est la MP-01, née en 2011 et fabriquée seulement à 100 exemplaires. Il s'agit d'une montre en forme de tonneau en titane, avec une réserve de marche de dix jours grâce à ses trois barillets fonctionnant en série. La deuxième pièce de la collection est la Key of Time, première montre qui indique « votre » temps selon « votre » choix. Grâce à une couronne à trois positions, cette montre permet de moduler comme vous le souhaitez la vitesse à laquelle s'écoulent les heures et les minutes. Vous pouvez ainsi faire durer quatre fois plus longtemps les moments agréables… et réduire d'autant les moments pénibles… tout en ayant bien évidemment la possibilité, à tout moment de revenir à « l'heure réelle » ! Cette montre est fabriquée seulement à 50 exemplaires.

Deux autres innovations dans le domaine technique : d'abord un système qui vous permet d'être informé en temps réel, grâce à une alerte sur votre téléphone mobile, qu'une montre Hublot est vendue dans le monde. Et aussi la création d'une carte à puce – baptisée Hublotista – qui est fournie lors de l'acquisition d'une montre. Quelle est sa fonction ?

Une fois insérée dans un lecteur cette carte à puce permet d'authentifier la montre et d'accéder à un site Internet exclusivement réservé aux propriétaires d'une montre Hublot, qui peuvent ainsi bénéficier de divers privilèges comme celui d'être invité à certaines soirées ou à certains événements.

Innover dans le processus industriel

Sur le plan du processus industriel, Hublot peut aujourd'hui manufacturer ses montres de A à Z, grâce notamment à des alliages fabriqués dans ses propres ateliers. Pourquoi cette stratégie ?

Il s'agit bien sûr de sécuriser nos approvisionnements et notre production, donc de pouvoir innover à notre guise, sans être dépendants d'un fournisseur tiers. Mais avoir ses propres mouvements n'est pas qu'une question d'indépendance technique ; c'est aussi une question d'indépendance créative et de substance qui donne à la marque sa crédibilité et finalement son image.

Fin 2009 est inaugurée une nouvelle usine high-tech à Nyon sur les bords du lac Léman permettant de doubler en 2015 la surface de la manufacture Hublot.

De fait cette manufacture, dont les machines les plus anciennes remontent seulement à 2008 et dont les ateliers sont proches de ceux de la F1, va nous permettre d'exercer de nouveaux métiers et d'assurer l'indépendance de presque la totalité de nos productions. Dans le même esprit – réduire sa dépendance dans la fourniture des mouvements et des spiraux horlogers –, TAG Heuer a investi dans ses propres manufactures en créant en 2013 une usine à Chevenez en Suisse, près de la frontière française.

Innover aussi en matière de prix

En 2007 naît une montre à 1 million de dollars. Quelques mots sur la naissance – très originale – de cette montre ?

La montre à 1 million de dollars est née d'un dessin et d'un coup de fil dans ma voiture. Un de mes amis sertisseurs me propose de fabriquer une montre qui sera une première mondiale (toujours être premier, différent et unique) car entièrement réalisée en serti invisible. Le serti invisible – qui consiste à encastrer une pierre précieuse dans une monture – a été développé par un célèbre joaillier de la place Vendôme au début du siècle dernier. Il était souvent utilisé pour réaliser des broches en forme de fleurs, de papillons, de libellules, etc., mais jamais pour une montre. Grâce à une précision qui permet de travailler à deux ou trois microns près, nous arriverions, me dit mon ami, à faire ce même serti invisible pour une montre. Je lui donne mon accord et je téléphone immédiatement à Tina Zegg, notre cliente de Monaco, à qui j'explique : « Je vais fabriquer une montre unique, une première mondiale, une montre à 1 million de dollars, je vous la vends. » Elle me répond : « C'est un prix important ; laissez-moi un quart d'heure et je vous rappelle. » Un quart d'heure après, elle me rappelle : elle achète la montre. En un quart d'heure, j'avais commandé la montre et je l'avais vendue. Tout cela au téléphone. Sans aucun papier. C'est la façon ancienne de travailler chez les horlogers, chez les diamantaires, comme chez les banquiers : un ordre oral est un ordre écrit. C'est beau quand la parole permet de faire des affaires, sans soixante pages de contrat.

En 2011, une montre Hublot de 2 millions de dollars est présentée à l'occasion du grand prix de Formule 1 de Monaco. L'année suivante, vous présentez à la foire de Bâle une montre à 5 millions de dollars.

Le prix de ces montres dépend du nombre de carats. C'est l'adjonction de la joaillerie, du taillage et du sertissage des pierres, tâches extraordinairement difficiles, qui nous fait atteindre ces prix. Il est logique que nous fabriquions des montres avec des diamants : l'horlogerie et la joaillerie sont associées depuis longtemps ; ce sont des métiers voisins. Alors qu'en 1540 on comptait plus de 600 artisans bijoutiers-joailliers à Genève mais aucun horloger, les huguenots ont amené l'horlogerie. Ainsi en 1601 quand la corporation des maîtres horlogers fut créée, il y avait plus de 600 horlogers : soudainement, on avait autant d'horlogers que de joailliers.

Quelles sont les caractéristiques de la montre à 5 millions de dollars ?

C'est une montre en or blanc décorée de 1 282 diamants d'une parfaite homogénéité de qualité et de couleur. Au total, plus de 140 carats de diamants, qui proviennent des quatre coins du monde, ont été montés. Six de ces diamants pèsent chacun plus de 3 carats.

La fabrication de cette montre a nécessité quatorze mois de travail et mobilisé à temps plein 12 tailleurs et 5 sertisseurs. Elle a été vendue à un détaillant de Singapour.

Que fabriquerez-vous après cette montre à 5 millions de dollars ?

Dépasser ce prix suppose d'avoir un plus grand nombre de diamants ; je crois que cela est difficile car la surface d'une montre est limitée (celle à 5 millions de dollars a un diamètre de 44 millimètres). Après cette montre, il faut faire autre chose d'exceptionnel. Pourquoi ne pas remplacer par exemple le verre du cadran par une feuille de diamant ? C'est une piste à laquelle on peut réfléchir.

Dégager des synergies

En 2008, le groupe LVMH achète Hublot. Cette acquisition permet à Bernard Arnault de renforcer son pôle horlogerie. Quelles sont, selon vous, les raisons qui ont amené LVMH à choisir Hublot ?

Je pense que ce choix est lié au fait que Hublot était déjà à l'époque une « étoile montante ». Hublot était – et est toujours – une entreprise très dynamique, en très forte croissance, totalement différente des autres par son ADN ; une entreprise qui parle beaucoup à une clientèle jeune; une entreprise saine, qui fait du bénéfice, qui est totalement autofinancée et qui n'a ni dettes ni hypothèques; une entreprise dont le concept et le produit sont pointus. Précisons qu'en 2004 le chiffre d'affaires de Hublot était de 26 millions de francs suisses et qu'en 2015 il approchera le demi-milliard. Il enregistre chaque année une forte croissance.

L'arrivée de LVMH a probablement été préférable à l'entrée d'un investisseur financier; quels avantages Hublot a-t-il retirés de la venue de Bernard Arnault ?

L'arrivée de LVMH a été effectivement préférable à d'autres solutions. LVMH, le plus grand groupe de luxe du monde, nous apporte son expérience et les synergies que nous pouvons dégager sont énormes. Existent aussi des possibilités d'économies d'échelle: quand vous achetez des espaces publicitaires dans les médias, la puissance d'un groupe comme LVMH vous donne d'énormes avantages au niveau de la présence de la marque dans les journaux. LVMH nous apporte aussi son expertise dans le *retail*: aucun groupe au monde n'a autant de magasins que LVMH. Je ne vois pas avec quel autre groupe Hublot aurait pu dégager plus de synergies. Parmi tous les choix possibles, je dirais que LVMH était le meilleur choix… à part le mien !

Effectivement, compte tenu du prix de vente à LVMH (on parle de 490 millions d'euros) vous n'avez pas pu racheter personnellement Hublot. Comment avez-vous perçu cette situation ?

Je n'ai pas à m'en plaindre. D'abord parce que je suis toujours là, avec autant de plaisir, et toujours aussi motivé.

Vous avez obtenu de Bernard Arnault une grande marge d'autonomie au sein du groupe LVMH.

Laisser beaucoup d'indépendance aux différentes sociétés est une des politiques du groupe. LVMH est un groupe qui cultive l'esprit d'entrepreneur, ce qui suppose de laisser entreprendre ; au contraire, quand vous donnez trop de directives vous tuez l'esprit d'entrepreneur et vous créez des « cadres » au lieu de créer des « entrepreneurs ».

Le 1er mars 2014, vous devenez président du pôle horloger de LVMH, pôle qui comprend Hublot, TAG Heuer et Zenith, noyau autour duquel gravitent des joailliers comme Chaumet, Fred, Bulgari et De Beers. Quelles sont les caractéristiques des trois marques et quels sont vos principaux objectifs ?

Les trois marques ont des positionnements très complémentaires : TAG Heuer représente le « luxe accessible » ; Zenith représente le « haut de gamme de l'horlogerie traditionnelle » et Hublot, marque de luxe et de prestige, la « très haute horlogerie ». TAG Heuer a toujours été avant-gardiste, Zenith – marque créée en 1865 – symbolise la pure tradition horlogère avec notamment le fameux mouvement El Primero qui en est l'élément le plus emblématique, et Hublot représente, on le sait, la « fusion de la tradition et du futur ».

Sans dévoiler ma stratégie, j'ai trois objectifs : assurer la croissance et conquérir de nouvelles parts de marché, créer et gérer des synergies entre les trois marques et si possible « agrandir la famille » : aujourd'hui il y a trois enfants, mais un jour il y en aura peut-être quatre ou cinq.

Conserver impérativement son ADN

Parmi les projets de Hublot figure la Chine, la part de marché dans ce pays étant aujourd'hui très inférieure à celle de vos concurrents.

La part de marché de Hublot dans l'espace nommé « Greater China » (Chine, Hong Kong et Taiwan) avoisine aujourd'hui à peine les 10 % (contre 30 % et plus pour l'industrie horlogère suisse) car on a commencé à développer la marque il y a seulement quatre ans. Or en Chine le retour sur investissement vient au bout de huit ou dix ans. Aujourd'hui, les Chinois n'associent pas encore tout à fait la montre de sport à un objet de luxe (comme ce fut d'ailleurs le cas chez nous dans les années 1950). On me demande souvent pourquoi on ne s'adapte pas au marché chinois. Tout simplement parce que Hublot n'a qu'un seul ADN. Nous sommes en stand-by : nous attendons que les Chinois soient prêts. Si on changeait aujourd'hui notre ADN, on risquerait demain de ne plus être reconnu par les Chinois qui poursuivent leur occidentalisation. S'il est vrai que nous avons conçu une montre fabriquée uniquement pour les Chinois (montre dont le cadran est de couleur jade), nous veillons à ne pas répondre systématiquement à leurs demandes parce que le jour où les Chinois auront évolué, nous ne serons pas « à leur rendez-vous ».

Vous développez votre réseau commercial dans le monde entier. Quelles ont été les récentes implantations de Hublot ?

Atlanta après New York (Madison Avenue et Fifth Avenue), Miami, Los Angeles, Dallas et San Francisco. En 2014, on a créé la « Galerie Hublot » à Miami, dans le Design District, quartier qui abrite un grand nombre de galeries d'art et des boutiques de luxe et de prêt-à-porter haut de gamme. On a ouvert une première boutique à Bangkok et huit boutiques en Chine dans huit villes différentes, dont une deuxième boutique à Shanghai. On s'est implantés au Koweït, portant à sept le nombre de boutiques Hublot au Moyen-Orient. À Paris, nous avons une boutique rue Saint-Honoré depuis 2007 et une autre place Vendôme depuis 2011. Nous venons d'ouvrir une boutique à Londres. Hublot dispose actuellement de plus de 80 boutiques dans le monde, toujours à des adresses très prestigieuses.

Vous communiquez en Chine notamment par le biais de partenariats sportifs, comme Ferrari et Manchester United.

En Chine, nous organisons les mêmes événements et nous procédons de la même façon qu'à Miami, Paris ou Zurich. Je sens déjà que nous progressons par les achats que les Chinois font à l'étranger. Quand une marque occidentale démarre, les premiers achats se font rarement d'abord en Chine car les clients se méfient au début du détaillant chinois craignant qu'il n'ait pas les derniers modèles, ni la même qualité. Ils commencent donc à acheter dans une boutique en France, au Japon, en Corée, à Hongkong, en Suisse. Mais pas en Chine.

Donner et pas seulement prendre

Dans le domaine du mécénat, Hublot développe diverses actions en faveur des plus pauvres, notamment par le biais de la Fondation Main dans la main, créée il y a une quinzaine d'années par le fondateur de l'entreprise, Carlo Crocco. Hublot soutient aussi notamment la Fondation Smiling Children qui vise à développer la scolarisation des petites filles au Maroc et en Afghanistan.

Oui. La Fondation Main dans la main est gérée par M. Crocco ; elle s'occupe d'orphelinats en Inde et dans le passé Hublot a participé financièrement à ses activités. Il en est de même pour Smiling Children, association dont Cherie Blair est la marraine.

Toujours à propos du mécénat de Hublot, on peut citer le football et votre action de lutte contre le racisme.

Avec l'Euro, nous avons communiqué en 2008 sur le thème « *No to Racism* ». Au lieu de dérouler sur la ligne de corner une banderole « Hublot » de trois mètres de long, on a déroulé une banderole contre le racisme. Nous avons aidé la Fondation Fight Against Racism. En tant que sponsor, je me sens une responsabilité : celle de donner et pas seulement de prendre. Or en général les sponsors prennent, mais ne donnent pas. En tant que sponsor, nous aidons le sport qui est, d'évidence, un formidable moyen d'éducation.

Quelles autres actions de mécénat avez-vous récemment engagées ?

En 2013, avec Falcao, la star colombienne du football, nous avons lancé une large opération visant à financer des travaux dans le grand marais de Santa Marta avec l'Office des Nations unies contre la drogue et le crime (UNODC). Ce financement s'est fait par la vente de la montre Classic Fusion Falcao – une série limitée de seulement 100 pièces (60 en titane et 40 en or). Toujours en 2013, nous avons conclu un partenariat avec Depeche Mode au profit de Charity Water, une association qui a pour objectif de fournir une eau propre aux pays en voie de développement. Je précise qu'il s'agit là de notre deuxième partenariat avec Depeche Mode puisqu'en 2010 nous avions collecté des fonds pour le Teenage Cancer Trust, grâce notamment à un concert de charité au Royal Albert Hall à Londres.

Chapitre 9

« J'aime l'adrénaline de la conquête. Je suis guérillero dans l'âme »

Réussir quand on est un outsider

S'investir au maximum

Gérard Lelarge : *Selon vous, parmi les clés de la réussite entrepreneuriale figurent une capacité de travail colossale, une forte créativité, un bon équilibre affectif, de la détermination et de l'ambition et enfin une grande capacité à rebondir.*

D'abord, pour reprendre vos termes, « une capacité de travail colossale ». « Je n'arrête jamais », dites-vous. Comment réussissez-vous à concilier un rythme de travail particulièrement chargé avec une vie de famille à laquelle vous êtes très attaché ?

Dans une vidéo, on vous voit sortir de votre valise un mot de votre épouse Sandra : « Reviens vite ! »

Jean-Claude Biver : C'est relativement facile : il faut travailler quand la famille est absente, c'est-à-dire la nuit. Si vous vous couchez à 22 heures, les jeunes enfants sont au lit et si vous vous réveillez à 3 heures, vous n'allez pas manquer aux enfants puisqu'ils dorment. De 3 heures à 7 heures, vous travaillez quatre heures sans avoir mauvaise conscience puisque vous n'êtes pas séparé de la famille et la famille n'est pas séparée de vous.

Vous expliquez que travailler tôt le matin permet d'être totalement disponible quand vous êtes à votre bureau dans l'entreprise.

Effectivement : faire mon *homework* à partir de 3 ou 4 heures du matin me permet quand je suis à la manufacture à Nyon, dès 8 heures – 8 h 30, d'être totalement disponible pour tout le monde : les clients, les journalistes, les visiteurs, les fournisseurs et bien sûr tous mes collaborateurs. Quand j'arrive à mon bureau, je n'ai rien à faire puisque j'ai tout fait avant chez moi !

S'investir de façon aussi intense suppose d'avoir une résistance à toute épreuve. Vous arrive-t-il d'être, comme tout le monde, fatigué ?

J'ai le privilège d'avoir une santé de fer même si, bien sûr, je suis parfois fatigué. Mais comme tous les passionnés, je recommence. La passion n'a pas de limites et permet de surmonter la fatigue. Le coureur cycliste arrive « épuisé » au sommet du Tourmalet mais sa passion est telle qu'il recommence le lendemain. L'alpiniste qui atteint le sommet de l'Everest dit : « Plus jamais » ; mais six mois après, quand il a soigné ses engelures, il repart.

Vous ne ménagez pas vos efforts. La légende veut qu'il y a plusieurs années, à la foire de Bâle, vous dormiez dans un bus Volkswagen et que le matin vous alliez vous doucher et vous raser à la gare. Qu'en est-il vraiment ?

C'est exact. De même avec Jacques Piguet, après avoir acheté Blancpain, il nous restait peu d'argent. Donc quand on allait visiter les clients, on dormait dans un camping-car et non à l'hôtel, on allait se raser et se doucher dans les gares, on mettait un jeton et on avait droit à trois minutes d'eau. Il fallait faire vite !

Conquérir, et pas seulement gérer

Au-delà d'un travail intense, une grande créativité est aussi indispensable à la réussite de l'entrepreneur. Ainsi vous avez fait renaître Blancpain et vous avez donné un nouvel essor à Hublot. Vous semblez préférer faire renaître et conquérir plutôt que gérer « tranquillement » des acquis.

La « gestion tranquille » ne me tente vraiment pas ! J'aime l'adrénaline de la conquête, l'adrénaline du risque, de l'innovation. J'aime conquérir une position, faire des embuscades, mener la guérilla. Je suis plus un manager qui redresse des entreprises qu'un manager qui gère des entreprises. Quand l'avion est à son altitude de croisière, à 10 000 mètres, et que l'on s'apprête à traverser l'Atlantique pendant six heures, j'ai tendance à mettre le pilote automatique !

Vous citez le terme « guérilla ». Pour vous, l'entrepreneur doit donc être un « guérillero » ?

Oui, je suis guérillero dans l'âme. J'essaie de surprendre mes concurrents et mes clients. Je suis resté un peu « Far West ». Il faut profiter des opportunités. C'est l'exemple de la petite souris qui est sur le dos de l'éléphant et qui dit : « Qu'est-ce que l'on est grand ! Qu'est-ce que l'on va vite ! »

Surmonter ses handicaps d'origine

Le manque de moyens dont vous disposiez à vos débuts dans l'horlogerie vous a obligé à être particulièrement innovant. Vous expliquez : « J'ai fait des trucs que l'on doit faire quand on est inconnu et outsider. » On retrouve là un comportement de guérillero ?

Exact. Quand on n'a pas de moyens, il faut trouver des raccourcis. Imaginons que nous faisons une course pour arriver le premier à Paris. Si j'ai une voiture moins puissante et moins rapide que la vôtre, et si je pars dix minutes après vous, je ne pourrai jamais vous rattraper si j'emprunte la même route que vous. En revanche, si je prends un autre chemin, je pourrai peut-être arriver avant vous. Quand on n'a pas de moyens et quand on est le plus petit, on doit faire autrement, trouver d'autres voies. C'est ce que j'appelle des « actions de guérilla ». Mais un point est essentiel : il faut toujours respecter l'éthique et ne jamais agir au détriment de l'honnêteté. Je dois arriver à Paris avant vous en suivant une autre route, mais je ne dois pas écraser de piétons ! Être opportuniste pour saisir une occasion ? Oui. Être opportuniste en ignorant l'éthique ? Non, jamais.

On a récemment écrit que vous êtes dans la haute horlogerie l'équivalent de Karl Lagerfeld dans la mode, tant pour votre créativité que pour votre force de conviction et vos résultats. Vous avez été personnellement récompensé à de nombreuses reprises, en tant notamment que CEO ou manager de telle ou telle année. Certains prix vous sont attribués pour « l'ensemble de votre carrière » ; d'autres vous qualifient d'« homme d'affaires visionnaire » et de « génie du marketing ». Imaginiez-vous ce type de consécration quand vous avez débuté dans l'horlogerie de luxe ?

Pas du tout. Dans mes plus grands rêves, j'imaginais avoir au maximum 5 % de ce que j'ai aujourd'hui. J'ai donc reçu vingt fois plus que mes rêves les plus fous. L'ensemble de ma vie s'est déroulé vingt fois mieux que ce que je pouvais souhaiter. Je suis comblé. Si j'avais le droit de vivre deux fois, je ne prendrais ce droit que si l'on m'assurait à 100 % de vivre deux fois la même vie. Je dis merci tous les jours, mais je sais qu'à tout moment on peut m'enlever ce que j'ai : rien n'est définitif.

Avoir le courage de se tromper et s'appuyer sur l'échec pour rebondir

Réussir en tant qu'entrepreneur suppose aussi de bénéficier d'un grand équilibre affectif, notamment sur le plan familial. La famille est un socle indispensable à votre équilibre.

J'ai besoin d'harmonie et de paix. La paix m'est donnée par l'équilibre affectif. Je ne peux être créatif que si je suis en pleine possession de cette paix et de cette harmonie intérieures. Sans amour, pas de paix et sans paix, pas de performances.

Réussir en tant qu'entrepreneur suppose aussi de la détermination et de l'ambition. La détermination permet de surmonter les obstacles. Quels sont ceux auxquels est confronté un créateur d'entreprise et comment peut-il sortir vainqueur ?

Je crois que la plus grande difficulté est d'avoir à un moment donné le courage de sa vision. Beaucoup d'entrepreneurs ont des visions mais ils tardent ou ils n'osent pas les mettre en application de peur de se tromper. Mais il faut savoir que rien n'est jamais perdu : se tromper n'est jamais définitif. La vie des affaires étant faite de succès et d'échecs, il faut être capable de rebondir.

Quels sont les facteurs qui permettent de sortir du trou au-delà des bouées de sauvetage liées au cercle familial ?

Il y a toujours deux énergies : une négative et une positive. La vie est toujours le *yin* et le *yang*, le jour et la nuit, le chaud et le froid, l'eau et la terre. Il y a toujours une contrepartie qu'il faut trouver. Si en tombant le pilote de l'avion actionne correctement le manche à balai, il pourra reprendre de la vitesse et éviter la colline. Avec les arts martiaux, on prend l'énergie de l'agresseur et l'on peut ainsi le dominer. Il faut toujours dans le négatif et dans l'échec trouver les énergies positives.

En 1997, vous contractez une maladie d'abord identifiée comme une double pneumonie, et traitée comme telle, donc de façon peu efficace, pendant trois ans. En 2000, le professeur Philippe Leuenberger, spécialiste en pneumologie, découvre la nature exacte de la maladie: la légionellose. Vous êtes alors immobilisé chez vous pendant plusieurs mois. Comment un homme aussi actif que vous vit-il cette longue parenthèse ?

La légionellose a été pour moi la première mise en garde de la nature et en ce sens m'a été extrêmement bénéfique. Il n'est pas exagéré de dire qu'elle a été une véritable chance : la maladie m'a permis de prendre du recul et m'a montré la nécessité de davantage penser à moi. Il faut perdre la santé pour se rendre compte de son importance.

Le professeur Philippe Leuenberger vous conseille de quitter le bord du lac pour vous installer à la montagne. Vous achetez alors la ferme et la maison à la Tour-de-Peilz où vous habitez. La ferme, qui a toujours été un rêve devient alors un facteur de guérison.

Toujours se comporter en *winner*

Donner des objectifs ambitieux est essentiel à la réussite ; vous expliquez : « Pour devenir fort, il faut penser comme si l'on était déjà fort. »

Celui qui est faible et qui agit comme un faible restera faible. Celui qui est faible et qui agit comme s'il était fort a au moins des chances de devenir fort. C'est l'évidence même. Vous ne pouvez pas devenir fort si vous partez battu et si vous vous comportez comme un faible.

Onassis expliquait : « Il vaut mieux prendre une chambre de bonne dans un palace que prendre une belle chambre dans un hôtel une étoile. » Car quand vous êtes à la réception du palace, vous rencontrerez peut-être des gens susceptibles de vous aider et personne ne sait que vous logez dans une chambre de bonne. Alors que quand vous êtes dans un hôtel une étoile, vous ne rencontrez peut-être personne ! *(Grand éclat de rire.)* Il faut donc dès le début agir comme si l'on était fort.

Du temps de Blancpain, j'ai pris un billet d'avion stand-by pour New York ; j'ai eu la chance de n'attendre qu'une journée (je dormais à l'aéroport, dans un sac de couchage) et d'avoir un billet bon marché.

Quand je suis arrivé à New York, j'ai tout de suite téléphoné à un grand joaillier de la place. Je leur ai dit : « J'aimerais vous rencontrer demain ; je suis actuellement en Suisse mais je prends le Concorde pour venir vous voir. – Vous n'allez pas prendre le Concorde pour moi ! – Si, je vais prendre le Concorde pour vous. » Je lui ai demandé : « Déjeunez-vous à midi ? » Il m'a répondu : « Oui, mais en une demi-heure. – Alors je viens pendant une demi-heure prendre un sandwich avec vous. Et si au bout d'une demi-heure vous vous apercevez que je n'ai rien d'intéressant à dire, vous ne regretterez pas cette demi-heure puisque de toute façon vous la preniez pour déjeuner. Mais si au bout d'une demi-heure je vous ai appris quelque chose, eh bien vous aurez mangé et en plus vous n'aurez pas perdu votre temps. » Le lendemain, j'étais à New York…

Chapitre 10

« Je suis mon intuition »

Être à la fois iconoclaste et efficient

Bâtir des relations personnelles fortes

Gérard Lelarge : *Manager une entreprise suppose notamment de bâtir des relations personnelles fortes pour motiver et mobiliser. On peut imaginer que vous managez vos équipes de cette façon.*

Jean-Claude Biver : Je manage mes équipes à travers le partage. Quand vous partagez votre savoir, vous permettez à l'équipe de s'enrichir. Quand vous partagez vos doutes, vous rassurez l'équipe qui se dit : « Tiens, lui aussi a des doutes. » Quand vous partagez vos échecs, vous enrichissez l'équipe qui apprend de vos erreurs et se dit : « Tiens, lui aussi se trompe. » Quand vous partagez vos succès, quand vous pardonnez les erreurs de vos collaborateurs, vous avez une équipe qui veut vous aider. On veut aider celui qui est sincère, qui vous respecte, qui partage, qui pardonne, qui a une éthique. Vous bétonnez ainsi votre management, comme l'hirondelle bétonne son nid. L'hirondelle peut partir un an ; quand elle revient, le nid est toujours là.

Vous expliquez que votre bureau est un open space. *Pour quelles raisons ?*

À part la porte d'entrée, il y a encore deux portes pour accéder à mon bureau ! Mais aucune n'est jamais fermée. Mon bureau n'est pas celui du boss, où je travaille seul, comme quelqu'un d'important. Je ne travaille pas à mon bureau puisque, comme vous le savez, je travaille chez moi tôt le matin. Au bureau, j'écoute, j'encourage, j'échange, je partage, je négocie, je convaincs, je communique, je conseille, je motive, je rassure, je pardonne. Il est l'endroit où l'on peut discuter et partager des idées. Mon bureau est effectivement un *open space* ; mais il est aussi un *open heart*, un *open mind*, un *open eyes*. Si je recevais un collaborateur avec les portes fermées, les autres se demanderaient, de façon logique, ce qui se trame dans leur dos, peut-être à leur détriment. C'est pourquoi quand je dois parler réellement en tête à tête, je le fais au restaurant.

Au moment de l'aventure Blancpain, en expliquant les traditions lors de vos visites chez les horlogers, vous valorisez les vendeurs et vous créez avec eux des liens personnels forts.

Certains passent tout droit et disent à peine bonjour aux vendeurs. Or qui fait le travail au quotidien ? Le propriétaire de la joaillerie de la place Vendôme ou les vendeurs et les vendeuses ? Vous devez impérativement d'abord respecter le travail de l'équipe de vente.

La plupart des grands décideurs sont capables de juger leur interlocuteur en quelques secondes. On peut imaginer que vous êtes dans ce cas. D'où deux questions : quels sont vos critères de jugement et vous arrive-t-il de vous tromper ?

Oui, je me trompe parfois, trois ou quatre fois sur dix. Parce que je suis trop naïf ; plus exactement parce que je veux être naïf. Je veux laisser la chance, ne pas voir le négatif. J'ai tendance à faire confiance alors que dès le début j'étais plutôt tenté de dire « Non ». Quand je me trompe, c'est que je n'ai pas voulu écouter mes réticences.

Quels sont vos critères de recrutement dans l'entreprise ?

Mes critères sont très simples : dans une certaine mesure je n'ai pas de critères professionnels et je ne décide pas en fonction du CV et des diplômes. Je juge la plupart du temps grâce à mon instinct et à mon intuition. J'attache aussi beaucoup d'importance aux erreurs que le candidat a faites et avoue. Lorsqu'elles manquent dans le CV, je demande que l'on m'en cite au moins deux, voire trois. Étonnamment, certains en sont incapables... Cette manière de procéder n'est pas cartésienne mais ça marche ! D'où l'importance de dialoguer et de déjeuner ensemble. Il est vrai que c'est possible seulement avec une petite équipe : avec 400 personnes, on peut tout sentir et tout savoir. Si nous étions 80 000, ce serait bien sûr différent : on utiliserait d'autres critères.

On décrit aussi le dirigeant comme quelqu'un qui a le courage de déplaire. Partagez-vous ce point de vue ?

Bien sûr, le courage de dire « Non » et de déplaire est très important. C'est pourquoi les entrepreneurs sont de mauvais politiciens : on ne peut pas faire trop de compromis et trop de promesses. Il faut être rationnel et tant pis si cela ne plaît pas. Il faut savoir dire certaines vérités : cela fait partie de votre responsabilité de dirigeant.

Savoir s'entourer et écouter

Vous vous appuyez sur une équipe de fidèles. Mijat, designer chez Hublot, a travaillé avec vous à la renaissance de Blancpain. Ricardo Guadalupe qui vous a succédé à la tête de Hublot début 2012 est un ami de longue date. L'une de vos assistantes, Rose Christen, vous accompagne elle aussi depuis plusieurs années. Votre objectif a-t-il été, tout au long de votre parcours, de constituer une équipe de Biver's boys *?*

Je travaille avec la même équipe depuis 1979 pour les plus anciens et depuis 1996 pour les plus récents. L'équipe est le fondement de votre succès. Une maison tient d'autant mieux que ses fondations sont solides. C'est là-dessus que vous pouvez construire. Sans une équipe, vous n'êtes personne. On ne peut rien réussir seul. Vous prenez une équipe gagnante, vous la mettez chez Blancpain, elle gagne ; vous la mettez chez Omega, elle gagne ; vous la mettez chez Hublot, elle gagne. Ce n'est pas la couleur du maillot qui fait le vainqueur de la Coupe du monde de football, ce sont les hommes qui le portent. Entourez-vous de personnes plus compétentes que vous.

Vous savez vous entourer, mais savez-vous écouter ?

Je recherche toujours le consensus et je n'impose pas mes idées. Comme vous le savez, mon bureau et ma salle de conférences restent grands ouverts. Personne ne doit frapper à ma porte car quand on frappe à une porte, il y a une barrière et je n'en veux pas. J'entends tout le monde et tout le monde m'entend. Nous communiquons dans l'ascenseur, dans la cuisine, dans le corridor et pas seulement par le biais de réunions. On a le privilège d'être une petite entreprise qui ignore la réunionite où tout le monde parle pour ne rien dire.

Vous écrivez à la main quelques dizaines de garanties et de lettres par semaine.

Écrire à la main est un signe de respect. Recevoir un e-mail ou un SMS n'a pas le même effet que recevoir une lettre écrite à la main. Si je vous respecte beaucoup, je vais prendre ma plume pour vous écrire.

Vous m'avez d'ailleurs envoyé une lettre manuscrite lors de nos premiers contacts et j'y ai été très sensible.

Eh bien, je suis content de l'avoir fait. Il est très rare que je réponde par une lettre que ma secrétaire tape. La plupart des lettres que j'envoie sont écrites à la main. Sinon je fais beaucoup d'e-mails : environ 300 par jour.

Oser décider

Le manager performant doit savoir décider. En matière de choix stratégique quelle est la part de l'instinct dans votre processus de décision et quelle est celle du rationnel ?

Il n'y a pas de règles : il y a des décisions qui demandent surtout de l'instinct et d'autres beaucoup de rationalité. Par exemple le sponsoring est un domaine où beaucoup de dirigeants d'entreprise se sont fourvoyés, leur engagement financier ayant souvent été proportionnel à leur propre plaisir. Il faut donc s'adapter à ce que requiert la décision.

Si la rapidité de décision est un facteur important de succès, on ne peut ignorer l'importance de la capacité de recul et de la réflexion.

Une décision prise rapidement peut être excellente et la même décision prise tardivement peut être inadaptée. La rapidité est un allié extraordinaire ; si l'on rate le *timing*, la décision sera mauvaise. Mais plus vous décidez rapidement, plus il faut être capable de corriger vite le tir. Si l'on ne peut pas changer rapidement d'orientation en cas d'erreur, il faut impérativement prendre son temps pour décider. Mais la règle générale est d'essayer à la fois de décider vite et d'avoir assez de flexibilité pour changer rapidement si nécessaire.

Toujours en matière de décision, vous déterminez-vous essentiellement en fonction du passé – les leçons de l'expérience – ou au contraire en fonction du futur tel que vous pouvez l'esquisser ?

D'évidence le passé compte : il permet de se projeter. Le passé est un plongeoir. Pour faire un beau plongeon, vous ne pouvez pas partir du bord de la piscine. Vous avez besoin de la souplesse du plongeoir. *(Il trace avec sa main des mouvements de haut en bas.)* Plus le plongeoir est long, plus il prend de l'amplitude et plus il peut vous projeter haut et vous permettre de faire un magnifique saut.

Comment vos idées naissent-elles et comment prennent-elles forme ? Sont-elles le fruit du hasard ou au contraire d'une réflexion longue, approfondie ?

Cela dépend des thèmes et des besoins. L'idée peut venir d'une analyse approfondie ; vous constatez par exemple que vous êtes absent dans une gamme de prix. L'idée peut aussi venir par hasard, de choses que l'on a simplement vues ou entendues. Les idées peuvent aussi venir du passé, de concurrents ou d'autres métiers.

Lorsqu'il s'agit de « recadrer » un collaborateur, réagissez-vous à chaud, de façon impulsive, ou au contraire plus tard, après avoir laissé retomber la pression ?

Si c'est grave, je laisse retomber la pression ; si ce sont des bricoles, je le dis à chaud. En général, plus le sujet est grave plus je tarde à décider, parce que j'ai appris que la soupe ne se mange pas à la température à laquelle elle est cuite. Face à la gravité, le recul est un atout.

Quelles sont les recettes d'une négociation réussie ?

Il faut impérativement écouter l'autre ; l'échec d'un grand nombre de négociations s'explique par le manque de réceptivité et de compréhension. Les négociations qui réussissent sont celles du consensus, qui n'est rien d'autre que la compréhension de l'autre.

Oser douter

Toujours concernant le processus de décision, quelle part doit tenir le doute ?

Le doute doit toujours être présent, y compris après la décision. En effet, une décision doit toujours pouvoir être remise en cause : rien n'est jamais définitif. Il faut constamment pouvoir s'adapter et le doute est un antidote à l'immobilisme. Il est votre meilleur allié car il vous amène à approfondir systématiquement. Je suis un ami du doute. Ceux qui ne doutent pas sont dangereux.

Accepter l'échec et apprendre de chaque erreur

Pour vous, il est essentiel de ne pas sanctionner l'échec, seul moyen d'accéder au succès. Vous citez à cet égard de grands champions sportifs qui ont échoué des milliers de fois avant de gagner.

C'est par une suite d'échecs que l'enfant apprend l'équilibre et finalement à marcher. Nous ne progressons qu'à travers une succession d'erreurs et d'échecs. Puisque l'échec est la seule façon de progresser, nous sommes condamnés à le pardonner. Or toute notre éducation est hélas ! basée sur la réprimande de l'échec. Je dis à mes collaborateurs : « Ayez des échecs, beaucoup d'erreurs jeune parce qu'après vous n'aurez plus besoin de les faire. » Mais d'évidence il ne faut jamais, jamais, jamais faire deux fois la même erreur. Celui qui est dans ce cas-là, je lui fais un beau certificat de travail et je l'envoie à la concurrence : c'est là qu'il me rendra le plus service !

Il faut bien évidemment récompenser les succès. Mais faut-il aussi récompenser les efforts, même non couronnés de succès ?

Bien sûr ; on peut même récompenser l'échec puisque l'échec est formateur. La récompense doit concerner soit l'effort, soit l'échec, soit le succès. Il faut récompenser les trois, mais bien sûr de manière différente. Un échec pardonné et expliqué est en soi une récompense : on apprend de l'échec.

J'organisais tous les trimestres avec mes plus proches collaborateurs ce que j'appelais la « réunion des erreurs » ! Chacun d'entre eux devait expliquer une ou deux erreurs qu'il avait commises. Comme reconnaître spontanément ses erreurs est difficile, au début, pour « amorcer la pompe », je donnais 1 000 euros par erreur ! Nous sommes cinq ; à raison de deux erreurs recensées par chacun chaque trimestre, on identifie quarante erreurs par an. Quarante erreurs que vous ne commettrez plus ! Autre avantage de ces réunions d'erreurs : en extériorisant ses erreurs, chacun se libère et tous bénéficient des faux pas des autres. En échangeant sur les échecs, on peut s'améliorer.

Concrètement, comment votre conception de l'échec influence-t-elle la façon de recruter vos proches collaborateurs ?

Pour moi l'importance de l'erreur est telle que la nature des erreurs commises est un de mes critères de recrutement. Je dis aux candidats : « Au-delà de tout ce que vous mettez en avant dans votre CV et votre discours, quelles erreurs avez-vous commises dans le passé ? Les petites erreurs ne m'intéressent pas ; les moyennes non plus. Dites-moi vos grosses erreurs, comme ça, je sais que vous ne les ferez plus chez moi ! » *(Énorme éclat de rire.)*

Certains candidats se sont mis à leur compte et ont échoué. Au lieu de les condamner et de les éliminer, j'étudie leur parcours avec bienveillance. Je suis sensible aux difficultés rencontrées, qu'elles aient été ou non surmontées. Elles méritent autant d'attention que les succès. Ceux qui ont eu beaucoup de succès me font parfois peur. Car le succès donne souvent trop confiance en soi. On peut à cet égard citer l'exemple du pilote qui, tout d'un coup, parce qu'il est pressé et très sûr de lui, ne suit plus sa check-list. Certains qui ont eu beaucoup de succès arrivent à ne plus douter ; ils peuvent donc devenir dangereux.

Vous définissez le courage comme le fait de « prendre le risque de se tromper » et vous aimez citer une réflexion d'Albert Einstein au sujet de l'erreur.

À la question de savoir ce qu'il souhaitait jusqu'à la fin de ses jours, Einstein a répondu : « Je souhaite me tromper le plus souvent possible car faire des erreurs est proportionnel à mon volume d'activité. » Mais il ajoutait : « Mais je souhaite aussi que les conséquences de chacune de mes erreurs soient infiniment minimes, ce qui signifie que je deviens sage. »

Entreprendre, découvrir, apprendre

« Il faut apprendre à comprendre et apprendre à changer », expliquait Antoine Riboud, fondateur de Danone comme vous le savez. On peut imaginer que vous êtes d'accord avec ces mots d'ordre.

Bien sûr ! Le mort vivant n'apprend plus. Être jeune, c'est apprendre. Celui qui apprend ne peut pas vieillir. Apprendre caractérise typiquement le jeune. On devient vieux quand on pense ne plus devoir apprendre.

Pour réaliser le projet Mag Bang *de Hublot, vous avez associé des collaborateurs de générations différentes : bien sûr des jeunes – dont un n'avait pas terminé ses études – et des retraités qui ont ainsi apporté leur expérience. Il s'agit là d'une politique tout à fait originale.*

On a en effet travaillé avec des gens de plus de 70 ans, par exemple un professeur, un métallurgiste (Lucien Trueb), un chef de production (René Maillefer) et un merveilleux chef de ventes pour le Moyen-Orient, mon ami Jacques Tedeschi. J'ai toujours veillé à faire collaborer des hommes d'expérience et des non expérimentés. La start-up a une force extraordinaire : celle de réunir des jeunes, qui sont passionnés, qui travaillent 24 heures sur 24, qui peuvent dormir dans un sac de couchage dans les bureaux, qui ont une créativité folle. Mais ces jeunes ont souvent peu d'expérience. D'où l'idée d'associer un ou deux retraités qui leur transfèrent leurs quarante ans d'expérience.

Il faut être en permanence en veille, à l'écoute. Comment cette exigence doit-elle se manifester au quotidien dans l'entreprise ?

Vous ne pouvez pas apprendre si vous n'écoutez pas. Or peu de gens sont capables d'écouter. Écouter, c'est faire preuve de respect et d'humilité. Dans une réunion, vous voyez rapidement ceux qui sont à l'écoute : cinq minutes suffisent pour les détecter.

Chapitre 11

« Je fais du Biver »

Maîtriser l'art de communiquer

Pratiquer le B.A.BA de la communication

Gérard Lelarge : *Vos différentes passions vous amènent à être très souvent sollicité par les médias. Vous intervenez ainsi en tant que producteur de fromage, amateur de grands vins, collectionneur de montres, défenseur des traditions suisses, etc., et non pas en tant que patron de Hublot ou président du pôle horloger de LVMH. Et pourtant les marques sont toujours citées. Il s'agit là d'une forme particulièrement habile de communication* corporate, *qui ne coûte pas un centime à l'entreprise.*

Jean-Claude Biver : Lors de mes interviews et dans mes conférences, je mets souvent en avant par exemple mes « trois commandements » (partager, respecter, pardonner). Je suis souvent appelé à parler de comportement éthique, et dans ce cadre je cite bien évidemment des exemples qui se réfèrent notamment à Hublot. Un autre exemple : quand je parle des traditions suisses, j'évoque le fromage que je produis ; pour moi, le fait de fabriquer du fromage est un véritable retour aux sources puisque l'horlogerie est née dans les fermes. Les paysans qui faisaient du fromage se sont mis peu à peu à ne faire que de l'horlogerie. Parler du fromage et en produire n'est rien d'autre qu'une connexion avec le début de l'horlogerie suisse.

Jusqu'à fin 2013, je donnais environ 60 conférences par an, soit en moyenne une par semaine. Surtout aux étudiants, car j'avais besoin et envie de transmettre mon vécu et mes expériences. J'ai eu parfois trois conférences dans la même journée. La plupart sont en anglais ou en allemand. J'ai fait plusieurs conférences à l'IMD de Lausanne ou à l'université Tsinghua de Pékin, à la Business School de Londres, à l'INSEAD à Paris ou à Boston à la Harvard Business School. Heureusement que je n'ai pas besoin de les préparer et que je sais parler sans notes !

Communiquer de façon authentique et pragmatique

Lors de vos conférences, vous racontez des anecdotes, vous faites rire, vous charmez. Pour reprendre vos propres termes, vous « faites du Biver ». L'expression « rock star » *est souvent utilisée compte tenu du succès que remportent vos conférences. On évoque votre « enthousiasme contagieux ». Quels sont les ingrédients de votre succès face à des publics très différents ?*

La simplicité et l'authenticité : les gens comprennent ce que je dis ! Je fais passer des messages clairs, sans PowerPoint. C'est plus vivant, plus spontané.

L'homme est communication non seulement par ce qu'il dit, mais aussi par son physique ou ses mimiques et par ce que l'on perçoit de lui. Être authentique permet de convaincre plus facilement. C'est ce que l'on recherche aujourd'hui : quelqu'un qui vous dise des choses vraies qui viennent du cœur. Assez peu de conférenciers l'ont compris : la plupart parlent *ex cathedra*, avec des tableaux, des graphiques ; ils veulent montrer leur statut et leur intelligence. Moi je veux montrer mon humanisme et ma simplicité. Je ne suis pas un intellectuel ; je suis un pragmatique et donc je parle de manière simple et concrète.

Vous avez déclaré : « Je dis la vérité avec un peu de peinture. » Quel sens donnez-vous à cette phrase ?

Il faut distinguer la vérité de la photographie et la vérité de la peinture. Dans un tableau qui représente par exemple les calanques de Cassis, vous trouverez beaucoup plus d'émotion, beaucoup plus de profondeur, beaucoup plus de couleurs que dans une photo, même si le tableau ne représente pas exactement la réalité. Le tableau traduit des émotions. Personnellement, je mets souvent de la peinture dans mes propos. Les puristes peuvent dire : ce n'est pas exactement comme ça. Effectivement, ce n'est pas exactement comme ça, mais c'est comme ça que je vous le raconte.

À un public venu vous écouter parler de montres, il vous arrive parfois de ne rien dire sur le sujet, mais de parler de fromage et de le faire goûter. C'est une méthode de communication pour le moins originale et osée. Et qui marche bien. Comment expliquez-vous ce paradoxe ?

Il n'y a rien de pire que d'écouter quelqu'un qui essaie de vous vendre systématiquement quelque chose. Quand un conférencier cite dix fois le nom de son entreprise, vous n'avez plus envie de l'écouter. Je prends systématiquement le contre-pied et je ne parle pas de Hublot, ou seulement pendant trente secondes.

En 2006, vous créez Hublot TV, première chaîne de télévision sur Internet lancée par une marque de luxe.

Là encore, le but est d'être le premier, différent et unique. Nous comprenons très vite que pour être visité, notre site Internet doit évoluer tous les jours. Le but est d'essayer de donner tous les jours une animation par l'image, quelle qu'elle soit, parfois sans rapport direct avec nous : une exposition à Bern, une fête à Genève, etc. On a aujourd'hui chaque année 4,3 millions de visiteurs uniques et un temps de passage de 5 minutes. Cela fait près de 360 000 heures par an. Au-delà, nous avons veillé à utiliser le plus vite et le mieux possible les réseaux sociaux, dont nous avons tout de suite saisi l'importance.

Personnaliser les partenariats

Le succès des partenariats mis en œuvre pour Omega puis pour Hublot repose en grande partie sur les rapports personnels que vous tissez à cette occasion avec les célébrités. Grâce à quelle alchimie faites-vous naître et perdurer cette proximité avec des people *aussi différents que Cindy Crawford, Michael Schumacher ou Diego Maradona ?*

Nous avons été précurseurs aussi dans ce domaine. L'idée est de ne pas se contenter d'associer la photo de notre « ambassadeur » à notre montre, mais de partager avec lui. Nous lui demandons ainsi de venir à nos expositions, à nos conférences de presse, aux événements que nous organisons. Pour que l'ambassadeur vienne avec moi en Chine, il faut qu'il ait envie de venir, et il aura envie de venir s'il comprend ce que nous faisons, si la marque et la montre créent une émotion. C'est cette relation spécifique qui nous permet d'avoir beaucoup d'impact et de travailler en profondeur avec nos ambassadeurs. Vous imaginez bien qu'une conférence de presse en Chine avec Cindy Crawford a plus d'impact qu'une conférence de presse avec Biver ! Travailler avec un ambassadeur ne consiste pas à acheter les droits d'une photo mais à le rendre acteur et animateur de la marque. C'est ce que nous allons faire avec Bar Refaeli, nouvelle ambassadrice Hublot, notamment dans le cadre de la nouvelle collection femme (la Big Bang Broderie). C'est une montre née de la fusion de la tradition suisse de la broderie (représentée par la fabrique de broderie Bischoff) et la haute technologie de Hublot qui a permis de réaliser en première mondiale un boîtier, un cadran et un bracelet entièrement en broderie !

TAG Heuer, qui s'était associé notamment avec Steve McQueen, a conclu des partenariats avec nombre de célébrités : Leonardo DiCaprio, Brad Pitt,

Cameron Diaz, Tiger Woods, Cristiano Ronaldo, Maria Sharapova. Début 2015, la marque a une nouvelle ambassadrice : la jeune top model britannique Cara Delevingne qui a défilé pour nombre de grands couturiers. Pourquoi cette association ?

Tout simplement parce qu'il y a cohérence entre l'image de TAG Heuer, marque aujourd'hui disruptive qui vise une clientèle jeune et connectée et l'image de Cara, impertinente, audacieuse, effrontée. Totalement *it girl* !

Alors que le monde de l'entreprise est en partie rationnel, logique, froid, impersonnel, beaucoup d'affaires se concluent grâce aux liens d'amitié et à la proximité que vous entretenez avec vos interlocuteurs. Établir des relations personnelles avec l'ambassadeur n'est probablement pas à la portée de tous.

Exact. Il faut pouvoir s'insérer dans le style de vie de notre ambassadeur. J'ai joué au golf avec George Clooney à Cannes-Mandelieu ; il faut savoir lui parler. J'ai personnellement cette faculté de m'adapter à ces différents milieux que je fréquente sans appréhension et même sans gêne alors que je n'ai pas le même style de vie. Mais le fait que je sois authentique et naturel me rend vraiment différent de mes concurrents ; c'est pour cela que ça marche.

Parmi les partenariats exclusifs conclus en 2014 figurent celui entre Hublot et l'équipe de football américain des Dallas Cowboys, et celui entre Zenith et les Rolling Stones, dont la presse a beaucoup parlé… avec des photos non seulement de vous-même bien sûr mais aussi de votre jeune fils avec les rock stars !

Ce partenariat a été conclu lors du lancement de la montre El Primero Chronomaster 1969, limitée à 250 exemplaires, sur laquelle figure le logo du groupe : la célèbre langue avec lèvres rouges. Au-delà de la notoriété mondiale de nos ambassadeurs, notons sur le plan technique la création pour cette montre d'un mouvement qui mesure le dixième de seconde !

Chapitre 12

« Toujours viser 1 + 1 = 3 »

Dégager des synergies

Développer la désirabilité de la marque

Gérard Lelarge : *Mettre en place des partenariats avec des* people *permet d'accélérer la désirabilité de la marque et de gagner des années en matière de visibilité. Prenons l'exemple de la campagne* « My choice » *avec Cindy Crawford. Comment est née cette campagne pour Omega ?*

Jean-Claude Biver : Omega a lancé cette campagne pour la montre Constellation. À un moment du processus de conception, Cindy a donné son avis sur les différents projets ; de ce fait, la montre est effectivement « son choix ». Aujourd'hui, si vous dites

« *My choice* » en Chine, les Chinois voient une montre, tellement cette campagne a été forte et crédible parce qu'authentique.

Comment est né le partenariat d'Omega avec James Bond et quelle a été votre stratégie ?

Pour le film *GoldenEye* sorti en 1995 avec Pierce Brosnan, on nous proposait de payer quelques milliers de dollars pour que James Bond porte une Omega. Comme j'étais convaincu de la nécessité de toujours animer une opération afin de dégager des synergies, c'est-à-dire de faire 1 + 1 = 3, nous avons proposé de payer le prix initialement demandé plus quelques centaines de milliers de dollars. Ce faisant nous avons obtenu en échange un nombre important de droits additionnels, comme celui de faire des films de 15, 30 et 45 secondes et des photos issues des différentes prises de vues originales du tournage. Nous avons aussi obtenu le droit de faire de la publicité avec l'acteur portant la montre Omega six mois avant que le film soit projeté en salle et six mois après qu'il ait quitté le marché ; donc pendant une période relativement longue. Nous avons également pu être présents avec les acteurs lors de la tournée de lancement du film et participer à tous les événements organisés autour du film. Grâce à l'ensemble de ces actions, nous avons réussi à rendre le public attentif avant qu'il aille voir le film à ce que portait James Bond : la montre Seamaster 007.

Vous avez également réussi à faire renaître ce que l'on a appelé la « montre de la Lune », l'Omega Speedmaster, conçue à l'origine pour les courses automobiles.

En effet, en 1965, Omega n'a pas été choisie par hasard par la Nasa : la Nasa avait acheté un grand nombre de montres suisses, les avait testées et la Speedmaster a été jugée la meilleure. Avec Neil Armstrong nous avons eu le meilleur ambassadeur au monde. Il a de plus été un ambassadeur gratuit puisque les Américains avaient acheté les montres qu'ils ont ensuite prêtées aux astronautes pendant leurs missions ! Début des années 1990, nous avons réanimé l'aventure spatiale dont Omega avait été un des acteurs clés, notamment avec l'aventure d'Apollo 13 en 1970. Le système informatique étant tombé en panne, Houston devait donner manuellement le top pour la mise en marche des rétro-fusées pendant douze secondes exactement. L'astronaute devait donc déclencher son chrono et stopper au bout de douze secondes. Dans cette aventure qui aurait pu se terminer tragiquement, la montre a donc joué un rôle très important. Et cela a été du pain béni dans l'histoire d'Omega. Il faut savoir que la Speedmaster a aussi été embarquée pour Gemini, Apollo et Skylab.

Est-il exact que Neil Armstrong avait oublié sa montre à l'intérieur du vaisseau spatial ?

C'est vrai qu'à la première descente, ce fameux 21 juillet 1969, Neil Armstrong ne portait pas la montre et Buzz Aldrin l'a mise à la deuxième descente. J'ai demandé à Neil Armstrong si ce n'était pas bizarre de porter une montre sur la Lune. Il m'a répondu que cela figurait dans la procédure : la montre, fixée avec du Velcro, faisait partie de l'habillement officiel ; et en cas de pépin elle pouvait pallier une défaillance technique comme elle l'a fait avec Apollo 13. Armstrong m'a aussi expliqué : avoir une montre au poignet dans l'espace puis sur la Lune était la seule chose qui le reliait à la Terre. Rien ne lui rappelait la planète Terre, sauf la montre.

Pour vos campagnes publicitaires, vous utilisez dans les rues de New York, de Tokyo, de Shanghai… le vaisseau qui a roulé sur la Lune, démontrant là encore votre capacité à étonner pour mieux communiquer.

Ce vaisseau paraît aujourd'hui complètement désuet. On se demande comment ils ont fait :

personne ne voudrait rouler dans un champ avec un vaisseau pareil ! Nos passages dans les rues constituent bien sûr un événement et créent de la curiosité.

Minimiser les risques...

Hublot développe des actions de sponsoring sportif. Cette démarche est doublement logique. D'abord bien sûr parce qu'elle concerne le chronométrage et la mesure des temps mais aussi parce que existent des points communs entre l'horlogerie de luxe et le sport. On peut citer par exemple le souci omniprésent du dépassement et de la performance ainsi que la dimension esthétique en référence à la beauté du geste d'un champion. Ma question est la suivante : est-ce que ce sont ces proximités qui vous ont amené à accompagner différentes manifestations sportives, alors que l'on pouvait vous imaginer plutôt associé à des manifestations culturelles comme l'opéra ou des concerts classiques ?

D'abord notons que le sport est une langue universelle. Il est donc un vecteur essentiel de notoriété. Chaque année, Hublot consacre des millions d'euros au sponsoring sportif. Ensuite, si aucune marque de luxe ne s'était associée au monde culturel, il est très probable que nous l'aurions fait. Nous n'y sommes pas allés parce que le terrain était déjà très occupé, comme cela est le cas pour les compétitions de golf, d'équitation et de tennis. Nous avons donc volontairement choisi des domaines où nous pouvions dire là encore: « Nous serons les premiers, différents et uniques. » Mais à condition qu'existe une cohérence entre les manifestations que nous parrainons et ce que nous sommes. Être, dans l'absolu, les premiers, différents et uniques est imbécile s'il n'y a pas cohérence avec notre ADN.

En matière de sponsoring sportif, votre politique est de vous associer soit à des sportifs qui ne peuvent pas perdre, soit à des événements. Comme vous le notez avec humour, en sponsorisant une épreuve, on est « certains d'arriver en finale » et de ne « jamais être associés à la défaite ».

C'est exact. Par exemple, nous sommes rarement associés à des footballeurs qui jouent, mais plutôt à des footballeurs qui ont joué, c'est-à-dire à des légendes comme le roi Pelé. Nous sommes aussi associés à des événements comme la Coupe du monde de football ou l'Euro ou à des équipes comme Paris-Saint-Germain et le Bayern de Munich. Ces équipes sont devenues des marques et des légendes, comme Ferrari par exemple; et peu importe leur résultat.

« Hublot loves football » *est un de vos messages en matière de sponsoring. L'entreprise a déjà investi dans le foot notamment avec la Coupe d'Europe en 2008 et la Coupe du monde en 2010. Quelle a été votre stratégie lors de celle de 2014 au Brésil, au cours de laquelle vous avez reçu plus de 1 200 invités ?*

D'abord, dès le 12 juin 2013, Hublot a dévoilé sur la plage de Copacabana l'horloge compte à rebours, donc à J – 365 jours du début de la Coupe. De plus pendant toute la durée de celle-ci, Hublot a été le chronométreur officiel et a donc bénéficié d'une exposition médiatique exceptionnelle. Le « Mundial » du Brésil a été vu 40 milliards de fois. Nous avons sponsorisé le panneau des arbitres réalisé en forme de montre... mais une montre coupée d'un tiers pour que les arbitres n'aient pas la vue masquée ! Ce panneau est apparu en moyenne 12 à 15 secondes par match, soit au total 22 minutes de visibilité dans le monde entier. Pendant la Coupe de 2014, nous avons eu sur notre site près de 3 millions de visiteurs, contre environ 300 000 chaque mois. Enfin, pour que nos invités aient un souvenir inoubliable de cette manifestation nous avons privatisé un hôtel de 100 chambres à Copacabana.

Votre stratégie consiste notamment à être très sélectif en signant avec des sportifs particulièrement performants. On pense bien sûr à Usain Bolt.

Depuis 2007, Hublot a en effet comme ambassadeur l'homme le plus rapide du monde ! Nous avons créé la King Power Usain Bolt, produite à 250 exemplaires. Le bracelet de la montre a la même couleur que celle de ses chaussures. C'est d'ailleurs Usain qui nous l'a suggéré ; il m'a dit : « J'ai une couleur que Puma a développée pour moi : un or un peu métallisé, vous pourriez peut-être la prendre pour le bracelet. » Ce que nous avons fait.

Toujours explorer des chemins nouveaux

Hublot développe des actions de sponsoring en matière de voile, de F1, de polo, de golf, de ski… des sports dont l'image correspond assez bien à celle d'une entreprise de luxe. Mais depuis 2008, Hublot sponsorise également le football ; ce qui peut sembler plus étonnant. Est-ce qu'une marque de luxe – donc proposant des produits non accessibles au « commun des mortels » – ne risque pas de brouiller son image en s'associant à un sport très populaire ?

À l'origine, on ne trouvait dans le football aucune marque de luxe. Ce sport est l'apanage des sponsors de masse, soit des entreprises qui vendent des produits de grande consommation à des prix très abordables.

Nous sommes entrés dans le football pour trois raisons. La première : le football est un sport bien évidemment populaire, qui intéresse un grand nombre de gens, des hommes et des femmes, des jeunes et des vieux, des riches et des pauvres. C'est ce que j'appelle la « verticalité » du football. La deuxième raison : qui sont les propriétaires des clubs de foot ? Des milliardaires : voyez par exemple Abramovitch et Chelsea, Berlusconi et l'AC Milan, le Qatar et le PSG. De plus les joueurs, les entraîneurs, le staff sont tous des clients potentiels de Hublot. La troisième raison : l'influence des footballeurs sur les jeunes est énorme : ce sont des vedettes, des héros, au même titre que des stars de cinéma ; ils sont d'excellents prescripteurs. Apparaît donc une très grande cohérence entre Hublot et le monde du football. Être le premier, différent et unique, en l'occurrence être le premier horloger de luxe à investir dans ce sport ne se conçoit que si celui-ci est compatible avec notre ADN. Et cela est d'autant plus le cas que Hublot fabrique surtout des montres à caractère sportif ou *life style*.

Miser sur la clientèle de demain

De plus, sponsorisant le football, vous misez sur le futur, via *le public des jeunes qui seront peut-être vos futurs clients.*

Effectivement, le football nous permet de travailler notre clientèle de demain. Hublot sera déjà dans la mémoire de ces jeunes comme une sorte d'icône. Le football parle à ceux qui peuvent acheter, à ceux qui pourront acheter demain et aussi à ceux qui ne pourront jamais acheter ; mais cela n'est pas gênant. Dans les *favelas* du Brésil, tous les gamins connaissent Ferrari et portent des casquettes. Le fait qu'un grand nombre de gens ne pourront jamais acheter de Ferrari n'enlève rien au prestige de ces marques.

Ce partenariat avec le football illustre bien l'originalité et l'audace de votre démarche. S'engager dans le football traduit votre capacité à saisir, avant tout le monde, de nouvelles opportunités. Le sponsoring avec le football est un partenariat gagnant-gagnant : Hublot ouvre au football le monde du luxe et en contrepartie vous recevez un appui pour certains marchés. Tel est par exemple le cas de Manchester United vis-à-vis de la Chine.

Manchester est effectivement un club adulé en Asie. Ce n'est pas seulement une équipe de football, c'est un mythe, comme le sont le FC Bayern, la Juventus ou le PSG. Ainsi, les retombées de toutes les opérations menées avec ces clubs sont énormes. Une fois de plus, nous avons été innovateurs car peu de gens avaient compris pourquoi nous nous associons avec l'équipe d'une ville industrielle particulièrement marquée par la crise.

Votre succès vis-à-vis du football donne des idées à des concurrents. Comment réagissez-vous face à ce type d'action ?

Nous sommes heureux lorsque les concurrents nous emboîtent le pas ! Cela permet de nous affirmer comme leader. Un leader sans suiveur n'est pas un leader.

Miser à la fois sur Maradona et Ferrari

Au-delà de l'originalité de votre démarche en matière de partenariat avec le monde du football, il était aussi assez audacieux de miser sur Maradona à une époque où son image était ternie en tant que personnalité controversée.

Notre démarche pourrait paraître audacieuse vue de l'Europe où Maradona avait une réputation douteuse. Mais nous n'avons pas signé avec lui pour vendre des montres en France ou en Allemagne ! Nous avons pris Maradona pour l'Amérique du Sud, l'Asie et le Moyen-Orient. En Asie, c'est une SUPERSTAR et sa réputation est intacte.

Le partenariat avec Maradona a pris deux formes : la Big Bang Maradona en 2010 et la King Power en 2012, toutes les deux vendues en série limitée.

Maradona a une telle personnalité que les séries limitées que nous faisons avec lui ont un immense succès. Par exemple pour la première série limitée de 250 montres, on a eu près de 2 000 demandes (bien sûr on n'en a fabriqué que 250). Elle a été une des montres les plus demandées de notre histoire. Chacune a été livrée avec un maillot de l'équipe d'Argentine, avec son numéro 10. Il a signé 250 maillots ; cela lui a pris quatre heures. On a fait ensuite une seconde série, sous son impulsion, avec sa signature et le chiffre 10 gravés sur la montre.

Dans le domaine de la voile comme dans les autres types de sponsoring, vous créez un véritable partenariat. Vous expliquez ainsi que vous n'êtes pas « in the boat », *mais* « with the boat » *avec Alinghi. Avec ces bateaux, vous défendez les valeurs de la Suisse et vous montrez votre sens de la solidarité à un moment où d'autres sponsors – on peut citer Audemars Piguet – se retirent.*

Les règles de l'America's Cup sont strictes : toutes les composantes d'un bateau suisse doivent être fabriquées en Suisse. Le projet visant à montrer toutes les compétences technologiques du pays, nous nous devions d'en faire partie en tant qu'acteur soucieux de défendre le « *Swiss made* ». Notons aussi que Hublot a été chronométreur officiel du Bol d'or 2013, la régate la plus importante de Suisse et la plus prestigieuse en bassin fermé du monde. On retrouve là l'idée de sponsoriser une épreuve, et non une équipe qui pourrait nous associer à une défaite.

Concernant la Formule 1, Hublot s'engage aux côtés de la Fondation Ayrton Senna au Brésil.

C'est une superbe histoire. En 2006, je rencontre Viviane Senna, la sœur d'Ayrton, pour lui demander l'autorisation d'utiliser l'image de son frère. Elle me répond que cette image appartient à la Fondation Ayrton Senna, une fondation visant à sortir les enfants des bidonvilles et de la pauvreté. Pour les arracher du monde du crime et de la drogue, une seule solution existe : l'éducation. Je trouve cette idée géniale : quand vous donnez de l'argent à des enfants déshérités, ils le consomment ; quand vous leur donnez de l'éducation, vous les arrachez du monde du crime et de la pauvreté. Depuis sa création, la Fondation a financé dix années de scolarité à neuf millions d'enfants. En contrepartie de son aide financière, Hublot peut utiliser la signature et la photo d'Ayrton Senna. Avec chaque série spéciale – il y en a eu quatre depuis 2006 – un montant important va directement à la Fondation. Enfin en 2013, Hublot a créé une montre estampillée Ayrton Senna, fabriquée uniquement en trois matériaux et en 41 exemplaires, faisant référence aux trois titres et aux 41 victoires du champion brésilien.

Le premier engagement d'Omega vis-à-vis de la F1 remonte à 1996 avec Michael Schumacher, à une époque où celui-ci n'était pas encore champion du monde… ce qui révèle de votre part un certain flair !

Plus exactement une certaine capacité d'anticipation, indispensable au manager. Celui-ci doit en permanence anticiper et il peut le faire grâce à son expérience et à son instinct. On doit toujours essayer d'avoir une longueur d'avance. C'est ce que nous avons fait avec Michael Schumacher : nous avons signé un partenariat quand il courrait pour Benetton, en spéculant qu'il viendrait un jour chez Ferrari.

Une des originalités de Hublot est de prendre une marque comme ambassadeur. Comment est né le partenariat avec Ferrari ?

Quand la Big Bang est créée en 2005, je pense tout de suite à Ferrari. Je la présente à Jean Todt qui la trouve sensationnelle. Mais à l'époque Hublot est très peu connu et la direction de Ferrari décline notre offre. En 2011, je rencontre à Saint-Tropez mon ami Lapo Elkann, héritier de Fiat et petit-fils de Giovanni Agnelli. Lapo me dit : « Écoute, Hublot et Ferrari devraient faire quelque chose ensemble. » Il organise un déjeuner à Maranello, ville du siège de Ferrari, avec la direction de Ferrari. Lors du déjeuner, nous leur proposons un contrat de partenariat « à 360 degrés », et pas seulement la création d'une montre Hublot avec la signature Ferrari.

Votre objectif est, pour reprendre votre expression, d'« entrer dans le monde Ferrari ».

Nous sommes effectivement partenaires des voitures classiques et des voitures de sport (la Scuderia), de toutes les expositions et tous les salons, du réseau des concessionnaires qui présentent nos montres dans des vitrines, des Ferrari Clubs et de chaque lancement de nouvelle voiture.

Ainsi en 2011, vous signez un contrat de cinq ans, ce qui est une durée assez longue.

Notre but est effectivement de mettre en route des stratégies à plusieurs années et de ne pas travailler dans la précipitation, ce qui est le cas quand on sait que la fin du contrat arrive à échéance dans dix-huit mois. Autre exemple de notre politique de contrat long : Hublot est partenaire de la Coupe du monde de football jusqu'en 2022.

En 2012, une montre Hublot est fabriquée pour fêter les 50 ans de la Ferrari 250 GTO.

La GTO est une voiture mythique, fabriquée seulement à 36 exemplaires au début des années 1960, la voiture des milliardaires (une voiture à 37 millions d'euros). Pour chaque propriétaire, nous avons fabriqué une montre avec le numéro de châssis gravé sur le mouvement. Nous avons fait la même chose pour la nouvelle Ferrari Enzo.

En 2013 naît la MP-05 LaFerrari, qualifiée par la presse d'« étrange ovni horloger ».

Cette montre, la première de l'histoire entièrement conçue, dessinée et développée par les ingénieurs et les horlogers de Hublot avec les équipes de Ferrari, rend bien évidemment un hommage au dernier bolide du constructeur italien. Le mouvement est construit en s'inspirant de l'architecture du fameux V12 de Ferrari. Elle est à remontage manuel et elle dispose d'une autonomie de cinquante jours, soit mille deux cents heures pendant lesquelles elle n'aura pas besoin d'être remontée, ce qui est un record historique, le précédent record se situant à quarante jours. Ainsi, la MP-05 *LaFerrari* est la montre qui a la plus grande réserve de marche au monde.

Miser aussi sur le basket et la boxe

Hublot a un partenariat avec le basket via *l'équipe de Dwyane Wade qui en 2012 devient championne de NBA. Hublot est aussi chronométreur officiel de l'American Airlines Arena, partenaire des Miami Heat.*

Le basket est aux États-Unis ce que le football est en Europe. On a vu un jour Dwayne Wade avec une Hublot au poignet ; cela nous a donné l'idée de le contacter ! Comme nous l'avions fait pour Diego Maradona et Usain Bolt.

En matière de boxe, est organisée en septembre 2012 à Las Vegas une soirée exceptionnelle avec la World Boxing Council, soirée au cours de laquelle douze montres sont vendues aux enchères au bénéfice d'un fonds de secours pour les boxeurs retirés du ring. Quelques mots sur cette opération de mécénat ?

Un grand milliardaire mexicain a créé une fondation pour aider les boxeurs après leur carrière, certains connaissant de grandes difficultés. L'idée de les aider nous a séduit. Nous avons donc proposé au patron de la WBC, Mauricio Sulaiman, de fabriquer douze montres uniques, pour douze boxeurs de légende. Et lors d'une soirée, ces douze montres ont été vendues aux enchères, acheteurs et boxeurs étant réunis à la même table.

Lors de l'ouverture du 50e congrès de la WBC en décembre 2012, vous avez reçu le titre de l'« Homme de l'année » pour votre engagement humanitaire au service de la boxe. Donc un honneur particulièrement important.

J'en ai été bien sûr particulièrement honoré ; cela d'autant plus que dans le passé cette distinction d'« Homme de l'année » a été décernée notamment à Nelson Mandela et à Carlos Slim. Et autre sujet de satisfaction – celui-ci plus important encore que mon plaisir personnel –, le fait que la vente des douze montres Hublot que nous avions offertes a rapporté plus d'un million de dollars qui ont été versés intégralement à la WBC.

Début 2015, le jeune pianiste Lang Lang est devenu « ambassadeur » Hublot. Pour quelle raison ?

Nous nous sommes associés avec celui qui est considéré comme un demi-dieu en Chine et qui, au-delà de sa renommée internationale en tant que pianiste virtuose, a joué notamment lors de la cérémonie d'ouverture de la Coupe du monde de football en 2006 à Munich, puis en 2014 à Rio, à celle des Jeux olympiques de 2008 à Pékin et enfin lors de l'Exposition universelle à Shanghai en 2010. Il a collaboré avec l'Unicef et a été nommé « Messager de la paix » des Nations unies en 2013. Lang Lang correspond parfaitement à la philosophie de Hublot. Il allie tradition et futur.

Quels autres partenariats ont été engagés récemment par le pôle horloger de LVMH que vous présidez aujourd'hui ?

TAG Heuer qui s'est déjà associé à la Formule 1, au golf, au tennis, à la voile, au football, s'oriente aujourd'hui vers la musique et le *life style.* Pour sa part, Zenith est devenu chronométreur officiel et partenaire du Tour Auto et de nombreuses courses et de rallyes de voitures et motos classiques. Début 2015, Hublot s'est associé avec Justin Rose, détenteur de 17 titres mondiaux, dont l'US Open de golf en 2013. Nous sommes également entrés dans le monde du poker en tant que chronométreur officiel du World Poker Tour à Las Vegas. Là encore nous avons été les premiers, différents et uniques ! Nous nous associons aussi aux compétitions de cricket, sport très populaire en Inde, en

Australie, au Moyen-Orient et dans tous les pays du Commonwealth ; ce qui nous donne une couverture sur quatre continents. Enfin Hublot est le partenaire officiel de la Grande Odyssée Savoie Mont-Blanc 2015, qui est une course internationale de chiens de traîneau parcourant le plus de dénivelés au monde (au total 25 000 mètres cumulés). Comme vous le voyez, nos domaines d'action sont très variés car nous souhaitons avant toute chose suivre notre client. Être partout présents où il se trouve et faire partie de son monde et de son style de vie.

Chapitre 13

« Un jour, j'ai expliqué à ma femme que je voulais fabriquer mon fromage »

Cultiver l'authentique et retourner aux sources

Gérard Lelarge : *Abordons maintenant une passion qui semble tout à fait originale : celle de produire du fromage ! Le fromage et l'horlogerie sont pourtant intimement liés puisque l'horlogerie suisse haut de gamme est née dans les fermes.*

Jean-Claude Biver : Effectivement notre tradition est paysanne : les protestants français, les huguenots, fuyant la persécution des catholiques, se sont réfugiés en Suisse et ont trouvé chez les paysans du Jura des qualités manuelles importantes pour l'horlogerie. Ils ont ainsi confié pendant l'hiver à ces paysans, très méticuleux et armés de grande patience, de petits travaux de découpe ou de polissage. Certains paysans ont souhaité continuer pendant l'été : ils sont ainsi devenus des « paysans-horlogers ». Et un jour ils ont quitté leur ferme pour devenir horlogers à plein temps. Bien sûr, je ne fais pas personnellement mon fromage et je ne trais pas mes vaches… pas plus que je fabrique moi-même les montres (!), mais mon activité dans le domaine du fromage me permet de me connecter avec l'origine de mon métier. De façon symbolique, pour l'ouverture du magasin Hublot place Vendôme à Paris en 2011, à laquelle participait Alain Delon, nous avons fait venir des vaches et une fête a été organisée avec du fromage, de la fondue, des vins suisses.

Un fromage au goût de fleurs…

Quelles sont les caractéristiques de votre fromage ? Vous expliquez souvent que votre lait a un goût particulier lié au fait que dans les alpages vos vaches mangent des fleurs.

J'ai voulu mon fromage d'une qualité exceptionnelle, le prix important peu puisque je ne le vends pas. Il est cuit au feu de bois et fabriqué avec du lait de vaches qui broutent l'herbe en fleurs, ce qui lui donne ce goût si particulier. La floraison commence en plaine et à partir de mi-mai nous amenons les vaches dans les alpages à 1 000 mètres d'altitude, là où les premières fleurs apparaissent. Puis on monte progressivement jusqu'à 1 400 mètres et vers le 20 septembre la floraison étant terminée, on redescend en plaine. Nous ne fabriquons notre fromage que pendant ces quatre mois, de mi-mai à mi-septembre. À l'alpage de la Neuvaz, à 1 300 mètres d'altitude, nous avons un grand chaudron en cuivre de 800 litres et nous faisons tous les jours 1 000 litres de lait en moyenne. Chaque jour, nous produisons environ 90 kilos de fromage. Celui-ci est ensuite redescendu en plaine dans des caves où il est affiné, frotté chaque jour avec un linge humide, avec un peu de sel et les premiers fromages peuvent être consommés à partir de mi-décembre. Le troupeau nous permet de produire chaque année près de 4 500 kilos de fromage.

Vous offrez votre fromage dans diverses circonstances. Ou des ventes sont organisées au bénéfice d'associations, comme la Fondation du Grand-Duc et de la Grande-Duchesse du Luxembourg qui lutte contre toutes les formes d'exclusion et œuvre pour l'intégration des personnes marginalisées. Votre fromage est aussi un outil de relations publiques. On dit que vous voyagez toujours avec lui. Qu'en est-il réellement ?

J'offre mon fromage notamment à mes clients. Il est le cadeau de Noël de Hublot, un cadeau apprécié puisqu'il vient du cœur. Offrir ce fromage est plus parlant qu'offrir un beau stylo en argent ou une belle cravate. Notre fromage s'est peu à peu taillé une réputation incroyable ; et pour se tailler une réputation, il n'y a rien de mieux que de dire qu'on ne vend pas. Si vous voulez vendre quelque chose, dites toujours que ce n'est pas à vendre ! *(Éclat de rire.)*

À 20 ans, vous fabriquiez du miel ; vous rêviez de nature ; vous vouliez vivre dans une ferme. Ce rêve est en partie comblé et le fromage vous reconnecte avec la vallée de Joux à laquelle vous êtes particulièrement attaché.

C'est effectivement un des rêves que j'ai accomplis. J'ai toujours rêvé d'être proche de la nature, d'avoir des vaches, de faire du fromage, d'avoir une basse-cour.

La désalpe de septembre

Chaque année en septembre la désalpe de votre troupeau est un élément incontournable de la rentrée. Décrivez-nous le plaisir qui est le vôtre à organiser cette manifestation qui réunit un public très nombreux et très disparate.

On descend les vaches de notre alpage qui est situé à 17 kilomètres de ma ferme. Cette descente est traditionnellement appelée la « désalpe ». Les fromagers, les armaillis (c'est-à-dire les bergers) sont heureux de redescendre en plaine retrouver leur famille puisqu'ils ont vécu seuls quatre mois dans de petits chalets dans les alpages. On célèbre à la fois le retour des hommes, du troupeau et du fromage. Cette descente est donc l'occasion d'une grande fête. Notons que ma ferme est une des rares fermes de « la ville », pourrait-on dire, puisque je vis à l'orée de la ville et que j'organise la seule désalpe qui arrive au bord du lac.

Deux détails importants à souligner : lors de cette désalpe, on ne voit aucune enseigne Hublot et la désalpe est le seul jour où vous ne portez pas de montre.

C'est exact ; pour une raison simple : il ne faut jamais utiliser la tradition et la culture à des fins commerciales. Si les gens font un rapprochement avec Hublot, tant mieux mais il n'y a jamais l'ombre d'une enseigne Hublot. Et quand je guide le troupeau, je ne mets pas de montre : je suis habillé conformément à la tradition ; l'armailli n'a jamais de montre au poignet, il a un gousset et une montre de poche.

Chapitre 14

« Le vin est sacré. Il est la fusion entre Dieu et l'homme »

Respecter et vénérer

Découvrir le vin

Gérard Lelarge : *Votre grand-père Marcel Zeien, qui a eu une grande influence dans votre vie, vous a initié au vin dans le Beaujolais, dès l'âge de 6 ans. Il vous a appris à le découvrir, à le respecter.*

Jean-Claude Biver : Une partie de la famille de ma grand-mère était vigneronne et ma grand-mère venait du Beaujolais. Mon grand-père nous a habitués, mon frère Marc et moi, à ne jamais « boire » le vin mais toujours à le déguster, à le découvrir et à essayer de le mémoriser. Il nous a surtout appris à le respecter. Le vin est une boisson de communion, d'émotion, d'amitié. Il est le fruit de Dieu qui nous donne le climat et la terre, et des hommes qui donnent leur travail. Mon grand-père nous faisait d'abord déguster une larme de vin puis, au fur et à mesure que nous grandissions, un peu plus, jusqu'à un demi-verre. Il nous demandait: « Que buvons-nous ? » Comme il n'y avait pas d'étiquette sur la bouteille, ma grand-mère nous soufflait parfois et nous indiquait si c'était un Brouilly, un Villages ou un Moulin-à-vent. Plus tard, j'ai pu aussi apprendre à connaître et à apprécier le vin avec mon père et ma mère qui sont tous les deux de grands amateurs et dégustateurs de vin, puis j'ai à mon tour initié mes enfants à la découverte du vin.

Château d'Yquem 1811 !

Votre collection de vins, que vous avez commencée très jeune, semble particulièrement prestigieuse. Vous détenez notamment tous les millésimes de Château d'Yquem depuis 1811. Pouvez-vous nous parler de ce vin ?

J'ai acheté Yquem pour la première fois chez Codec aux Rousses! Le gérant du magasin, M. Gauthier, m'a expliqué que c'est le plus grand vin du monde et le seul que l'on peut boire après 100 ans d'âge... alors qu'aucun grand Bordeaux rouge ne peut – sauf exception comme le Cheval blanc 1947 – se garder plus de soixante ans. Quand j'ai appris qu'avec un pied de vigne on faisait seulement un décilitre de vin, que les raisins étaient cueillis grain après grain, je suis tombé amoureux de ce vin. Comme je voulais avoir les millésimes des anniversaires de mes enfants et de ma femme, j'ai décidé d'acheter de l'Yquem dès 1967.

Au-delà d'Yquem, comment est composée votre collection de vins ?

Outre le Cheval blanc, qui est un des meilleurs vins du monde, j'aime le Haut-Brion. J'aime aussi beaucoup le vin de notre région, le Lavaux qui est un patrimoine mondial de l'Unesco. Ce sont les Romains qui ont planté la vigne dans notre région et plusieurs cépages peu connus sont extraordinaires. Dans le Lavaux, on a surtout le chasselas. Les Français le mangent à table en tant que raisin mais les Suisses en font un vin exceptionnel. Je suis d'ailleurs l'ambassadeur des vins de cette région et dans les manifestations Hublot j'amène souvent le vin d'ici.

En 2014, Hublot a signé un partenariat de trois ans avec l'Office des vins vaudois. Quelle forme prend ce partenariat ?

Les vins de l'Office – qui est présidé par Pierre Keller, un ami de trente ans – seront les vins officiels des manifestations de Hublot à travers le monde ; ce qui fut le cas lors de la Coupe du monde de football au Brésil.

Avez-vous un projet d'achat de vignoble ?

J'ai ce projet mais que je n'ai pas réalisé pour l'instant car je ne trouve pas de vignoble. Il y a un peu de vignes là où j'habite mais ce ne sont pas des domaines. Si un jour j'ai la possibilité d'acheter un domaine ici je le ferai ; en revanche, je ne suis pas intéressé pour acheter un domaine à l'étranger.

Quelles similitudes existent entre un grand vin et une montre de luxe ?

Les deux sont des garde-temps et des instruments de mémoire. Comme l'horlogerie de luxe, le vin a besoin de soins très méticuleux. Le vin et l'horlogerie de luxe ont comme points communs la tradition et l'histoire, la qualité de la matière première et une volonté d'excellence, de rareté.

Pour vous, le vin ne peut se déguster que pour la joie et le partage.

Je conçois effectivement le vin comme un produit de communion. Il ne peut pas se boire seul. Seuls les alcooliques boivent seuls.

Chapitre 15

« Je collectionne les montres avec le cœur »

Partager et transmettre

Acheter par passion

Gérard Lelarge : *Le fromage, le vin, les montres. Je crois que votre collection comprend un grand nombre de montres Patek Philippe, maison qui vous inspire un grand respect, à la fois de la marque et des hommes.*

Jean-Claude Biver : Patek Philippe est à mon sens la référence de l'art horloger suisse. Elle est probablement la marque suisse qui a le plus contribué à l'excellence de notre métier. Le musée Patek Philippe de Genève – où d'ailleurs sont présentées d'autres marques – est le plus beau musée d'horlogerie que je connaisse.

Patek Philippe a été mon premier concurrent quand j'ai débuté chez Audemars Piguet ; et maintenant c'est moi qui les possède ! Enfin… pas la marque, seulement quelques montres ! *(Grand éclat de rire.)* Dans ma collection, j'ai aussi des Blancpain, des Hublot, des Omega, des Audemars Piguet, des Vacheron Constantin, des IWC, des Zenith, des Richard Mille, des TAG Heuer, etc. Mais, comme l'Yquem pour ma collection de vins, la colonne vertébrale de ma collection de montres est Patek Philippe.

Lors de la Foire internationale de Bâle en 2014, vous avez d'ailleurs choisi de porter une Patek Philippe 1947 de collection… une montre estimée à 1 million d'euros.

C'est exact. Ce qui m'a permis de ne pas faire de jaloux entre Hublot, TAG Heuer et Zenith puisque je dirige ces trois marques ! Lorsque l'on porte une montre classique de Patek Philippe de 1947 on est hors du temps !

Quelle est la première montre que vous avez achetée pour commencer votre collection ?

Pas pour ma collection, mais pour mon usage, la Speedmaster d'Omega, la montre qui est allée sur la Lune. Cette montre était pour moi un rêve : je l'ai achetée quand j'étais étudiant et gagnais un peu d'argent en travaillant à La Poste. Et vingt ans plus tard, je travaille chez Omega où je la retrouve !

Vous avez constitué votre collection d'abord sur des « coups de cœur », puis de façon plus rationnelle.

Comme je suis un jouissif, j'achète surtout par passion : j'ai du mal à acheter une pièce historique qui ne me plaît pas. Je collectionne des montres qui sont des références en matière de développement de l'art horloger. Dès 1982, je collectionne les Blancpain, puis les Hublot à partir de 2004. Mais l'essentiel de ma collection est constituée de montres fabriquées entre 1880 et 1980.

Acheter pour transmettre

Aujourd'hui vous continuez votre collection pour transmettre, objectif, on le sait, très important pour vous.

Une collection représente votre passion. Elle est une trace laissée par son propriétaire. Mes collections de tableaux et de voitures, comme de montres et de vins traduisent certaines de mes passions. Mes enfants vont hériter, respecter, prolonger. C'est pourquoi je collectionne ; si je le faisais uniquement pour moi, j'aurais le sentiment de collectionner en égoïste, un peu par vanité.

De quelles montres avez-vous plus spécifiquement envie de nous parler ?

J'ai une somptueuse montre émaillée de Patek Philippe ; elle est extra-plate, en or et la qualité des émaux est exceptionnelle. Le sujet est magnifique : une des faces représente la baie de Genève et l'autre une barque qui transportait à l'époque la molasse. Cette montre est la représentation complète de Genève : non seulement la ville est dans l'objet mais cet objet symbolise Genève en tant que capitale de l'horlogerie, de la bijouterie et des émaux.

Il vous arrive parfois d'acheter vous-même des montres que vous vendez aux enchères en faveur de telle ou telle association caritative. Je pense notamment à une association qui aide les victimes d'une maladie qui frappe les enfants.

C'est exact. J'achète ces montres Hublot bien plus cher que ce que j'aurais pu payer à la manufacture. Mais en achetant aux enchères, j'acquiers surtout pour donner et partager.

On imagine que vous ne portez jamais ces montres mais que vous les admirez fréquemment, notamment avec ceux qui hériteront de votre collection.

La plupart de mes montres sont dans un coffre à la banque mais il m'arrive bien sûr de temps en temps d'en ramener deux ou trois à la maison.

Êtes-vous capable d'extravagance en tant que collectionneur ?

Oui, ma plus grande extravagance a été l'achat d'une montre Patek Philippe. Je l'ai achetée aux enchères pendant que je regardais mon fils jouer au tennis. Le téléphone a sonné. C'était le commissaire priseur de New York. À chaque enchère je n'arrêtais pas de dire « oui, oui ». Et tout à coup, il n'y avait plus que moi qui disait oui ! Mais aujourd'hui c'est une des montres dont je suis le plus fier et que je regrette le moins.

Chapitre 16

« Mes images d'enfance m'ont lié à cette terre où je vis aujourd'hui »

Se construire

Du Luxembourg à la Suisse

Gérard Lelarge : *Vous êtes né au Luxembourg en 1949. Votre arrière-grand-père est cordonnier au Luxembourg ; il est également le représentant des chaussures Bally, fabriquées en Suisse. Votre père, Jacques, enrôlé de force par l'armée allemande en 1942 doit faire la campagne de Russie. À son retour en 1946, il reprend l'affaire familiale. Votre mère s'installe en Suisse quand vous avez 10 ans. Quels souvenirs spécifiques avez-vous de ces années d'enfance ?*

Jean-Claude Biver : J'ai beaucoup de souvenirs du Luxembourg où j'ai encore de nombreuses attaches. Je garde aussi des souvenirs exceptionnels de nos vacances sur la côte belge où nous jouions dans les dunes. Je me souviens aussi de mes vacances d'été avec mon frère Marc, chez nos grands-parents dans le Beaujolais. Par rapport au Luxembourg, le Beaujolais était pour nous presque le Sud, avec un autre climat, une autre lumière et une formidable campagne. Nos grands-parents étaient d'une gentillesse et d'une générosité incroyables.

Votre père vous décrit comme timide en tant qu'enfant. Il explique qu'il fallait toujours vous encourager et vous rassurer dans vos projets. On vous imagine difficilement ainsi…

J'étais pourtant timide quand j'étais jeune. Mais plusieurs étapes de ma vie m'ont permis d'atténuer ma timidité : d'abord ma licence universitaire qui m'a donné un certain respect de moi (« Tu as réussi quelque chose ») ; ensuite une réussite professionnelle ; enfin un succès financier. Donc aujourd'hui sur une échelle de timidité de 10, je me situe au niveau 2 ! *(Grand éclat de rire.)*

Vous avez fréquenté l'école de Saint-Prex, puis le collège de Morges. Quels souvenirs avez-vous de cette période ?

Dans cet internat, j'ai découvert le lac Léman, les cygnes, les canards, les mouettes, les brouillards et la neige. De ma fenêtre, je voyais les Alpes, la neige, le lac. C'est parce que j'ai été dans cet internat que j'ai commencé à aimer cette région et à m'y attacher. Les brouillards de l'automne ou du printemps, la couleur verte des sapins sont des images d'enfance qui pour moi ont été capitales. Elles m'ont attiré et lié à cette terre où je vis aujourd'hui. Ces souvenirs m'ont enraciné. Ils ont joué – et jouent encore – un rôle essentiel à mon équilibre.

Découvrir et apprendre à connaître

Après la séparation de vos parents quand vous avez 5 ans, vous êtes avec votre jeune frère Marc placés dans un institut suisse. Cette période vous laisse-t-elle de bons souvenirs ?

C'était un institut haut de gamme, pour enfants privilégiés. C'était une propriété de plusieurs hectares située au bord du lac Léman. Mais aussi beau que fût l'institut, d'évidence beaucoup d'élèves auraient préféré être avec leurs parents : la séparation du milieu familial existait bel et bien. La beauté du site et la manière dont les enfants étaient traités ont fait que pour mon frère et moi cette période a été plutôt agréable, enrichissante. Aujourd'hui, j'habite à 37 kilomètres de cet institut et avoir connu ces moments m'a permis de m'ancrer ici en Suisse. J'ai ensuite vécu avec ma mère près de Lausanne, à 12 kilomètres de l'institut. On s'y est installé et on n'a plus eu envie de bouger !

Vous avez hérité de votre grand-père maternel, Marcel Zeien, de certains de ses traits de caractère.

C'était un homme grand (et un grand homme) et costaud. Il était volontaire, travailleur, généreux ; c'était une sorte de patriarche. Pour toutes ces raisons, on me compare parfois à lui. C'est vrai qu'il a toujours exercé pour nous, enfants, une fascination et nous étions très proches de lui ; il nous donnait aussi beaucoup d'amour. Les enfants aiment être chez des personnes fortes et rassurantes parce qu'elles leur donnent un sentiment de sécurité. Et si en plus ces personnes donnent beaucoup d'amour, elles sont l'endroit idéal où les enfants aiment aller se réfugier. Mon frère et moi avons eu la chance de réaliser ce rêve en partie grâce à notre grand-père.

Explorer ses passions. Toutes ses passions

Tout en étant scolarisé au lycée, vous travaillez pour gagner de l'argent et entretenir votre voiture, une Coccinelle. Quels étaient vos centres d'intérêt et vos passions ? Votre adolescence est faite d'insouciance ; vous « profitez de la vie » comme on dit.

Oui, j'étais plutôt du genre hippie. Nous vivions en communauté ; je vivais avec mon meilleur ami, Luc Moudon, aujourd'hui grand médecin, et nos deux copines. Nous vivions dans le partage : nous partagions le même toit, les ressources, les dépenses. En 1968, j'étais contestataire – je ne dis pas « révolutionnaire » mais « contestataire » – et je me sentais bien dans la mouvance des hippies, du *flower power*. J'avais des passions pour la nature, le ski, la course à pied, le sport, la découverte des pays (j'allais avec un camping-car à travers l'Europe, en Roumanie, en Bulgarie)… mais je n'avais pas de motivation professionnelle.

Fuir la facilité

Tout en poursuivant vos études à HEC Lausanne (aussi appelée Faculté des hautes études commerciales de l'université de Lausanne), vous travaillez à La Poste.

Je travaillais la nuit, de 20 heures à 5 heures du matin : quand on est jeune, on n'a pas besoin de beaucoup dormir et on a beaucoup de force. De plus, j'avais envie d'être indépendant financièrement pour pouvoir dépenser quand et comme j'en avais envie. Ce travail à La Poste, que j'ai fait pendant plusieurs années, m'a beaucoup plu et m'a beaucoup appris. Il m'a aussi motivé pour continuer à faire des études parce que je me suis aperçu de la pénibilité et du manque d'intérêt de certains travaux. Petit à petit, je me suis inséré dans la vie professionnelle : j'ai travaillé quelques semaines dans l'entreprise Modulo, une société qui voulait concurrencer Lego et Fisher Price en fabriquant des jouets modulables ; puis avec l'aide et grâce à mon ami Jacques Piguet j'ai intégré le monde de l'horlogerie chez Audemars Piguet. Ce fut mon premier emploi et depuis lors je n'ai plus quitté l'horlogerie. Après plus de 40 ans d'activité, je suis presque devenu aujourd'hui le « vétéran » de l'horlogerie suisse.

Chapitre 17

« Seul l'amour donne la paix et l'harmonie »

Être un homme

La famille, source de richesse, de paix, d'amour

Gérard Lelarge : *En tant qu'homme vous avez besoin d'harmonie et la famille est la source première de votre équilibre.*

Jean-Claude Biver : La famille est pour moi une source de richesse, de paix, d'amour. Mon clan est composé de trois cercles. Le premier cercle regroupe ma famille, le deuxième mes amis et le troisième mes relations professionnelles. Ma famille est le noyau le plus important. Mes enfants et ma femme sont des éléments essentiels de mon équilibre et celui-ci m'apporte la paix intérieure. Celle-ci enfin me permet d'être fort.

Vous côtoyez personnellement des célébrités du monde entier notamment dans le cadre des partenariats de Hublot et vous déclarez aussi ne pas être mondain. D'où l'importance de votre cercle familial et de votre maison de La Poneyre.

Je connais ces personnes mais je ne les côtoie pas tous les jours. Je suis très peu *people*: je préfère consacrer le peu de temps que j'ai à une soirée en famille.

Peut-être est-ce aussi pour protéger votre vie privée ?

Non, c'est simplement par pure envie: être assis sur un banc avec un paysan, boire un verre de chasselas, regarder la montagne et entendre le son des cloches des vaches un soir d'été me donne plus de plaisir et de satisfaction que de me pavaner en smoking blanc avec un verre de champagne à la main lors d'une soirée de cinq cents personnes. Sauf, bien sûr s'il s'agit d'une soirée entre amis.

Toujours partager, respecter, pardonner

On peut imaginer que vos « trois commandements » – partager, respecter et pardonner – sont des valeurs que vous transmettez à vos enfants.

Pas seulement à mes enfants : je transmets ces valeurs à tout le monde. Ce sont des valeurs faciles à comprendre, mais souvent difficiles à mettre en œuvre. Par exemple, le partage demande un effort permanent ; comme le respect et le pardon.

Le respect est à la fois le respect des autres et le respect de soi-même.

Tout respect commence par soi : vous ne pouvez respecter l'autre que si vous vous respectez vous-même. Et ne pas respecter l'autre est un manque de respect de vous-même. Dans l'éducation des enfants, on a parfois tendance à opter pour une éducation trop rigoureuse, donc qui risque de casser le respect que l'enfant peut avoir de lui-même. Notre système éducatif devrait porter plus d'attention au développement du respect de soi et des autres.

On vous décrit comme très sensible, à fleur de peau.

Je suis un émotif, donc très sensible. J'ai parfois des sensibilités à fleur de peau ; les émotions me touchent. Elles sont parfois exagérées, dans un sens ou dans un autre ; pour décider, je dois donc attendre que la pression retombe.

Êtes-vous un père sévère ?

J'ai été sévère parce que jeune et inexpérimenté. Bien sûr à l'époque, je ne pensais pas être un si mauvais père. Un exemple tout simple : je souhaitais que les enfants jouent dans leur chambre et ne laissent pas traîner leurs jouets dans le salon ou la salle à manger ; aujourd'hui, je suis très heureux si l'enfant joue à côté de moi, que ce soit dans mon bureau, dans la salle à manger, dans le salon ou dans la cuisine, parce que je m'enrichis de la présence de l'enfant. Je me suis amélioré : je suis plus attentif à l'enfant, à ses besoins à lui plutôt qu'à mes besoins à moi. Avec l'âge, on a tendance à laisser davantage de place aux besoins des autres. C'est pourquoi les grands-parents sont souvent plus généreux, plus compréhensifs que les parents.

Vous êtes grand-père pour la première fois en 2012.

J'ai un privilège : celui d'être trois fois père, mais d'avoir cinq enfants, et une fois grand-père. Et j'espère devenir encore plusieurs fois grand-père !

All you need is love

Vous vous êtes précédemment défini comme un hippie ! Pouvez-vous revenir sur ce qui peut sembler être un paradoxe ?

Dans les années 1960, j'étais un hippie et un beatnik. J'étais les deux ! Le mouvement hippie se caractérisait par le slogan « *Peace and Love* ». À l'époque les Beatles chantaient « *all you need is love* ». Ce mouvement a été le premier à se préoccuper de la protection de la nature et du respect des animaux. Le mouvement hippie était aussi très romantique, soucieux de la liberté et de l'égalité hommes-femmes. Il a été pour moi le fondement de mon éthique et de mes « trois commandements » : partager, respecter et pardonner. Je suis encore aujourd'hui hippie dans l'âme. J'ai perdu mes cheveux de hippie *(Grand rire)* et mes extravagances, mais pas mon romantisme ni ma générosité. Je reste attaché au respect de la nature, des animaux, des autres, de soi-même. Je reste encore aujourd'hui profondément marqué par l'amour.

L'amour et le partage sont pour vous des thèmes essentiels.

Le seul but de la vie est de donner de l'amour et de le transmettre. C'est ainsi que la chaîne de la vie peut se poursuivre. Les femmes le savent : elles donnent naissance à travers le partage de leur corps, le partage de leur respiration, le partage de leur sang. Et du partage naît un être humain ; un être humain qui à son tour a besoin de partage pour arriver à maturité et pour continuer à vivre. Nous sommes tous le fruit du partage.

Vous avez précédemment évoqué les deux traces que chacun d'entre nous doit laisser. S'agit-il là encore d'un enseignement tiré du mouvement hippie ?

Oui. Le mouvement hippie posait notamment une question existentielle : « Tu as 18 ans, tu aimes la musique mais pourquoi vis-tu ? Quel est le sens de ta vie ? » Ma réponse a été de dire : « Je vis pour laisser deux traces, comme celles que laisse le paysan qui laboure son champ : une trace professionnelle et une trace d'amour. »

Toujours oser aller de l'avant

Vous avez caractérisé comme élément positif la vente de Blancpain, pourtant perçue à l'époque comme – je reprends vos propres termes – un « drame », une « déchirure terrible ». Seriez-vous foncièrement optimiste ?

Je suis convaincu que l'on peut toujours retourner une situation qui semble dramatique. Cela bien sûr à la différence des vrais drames – ceux qui touchent la famille – qui sont insurmontables. Je pense par exemple à la perte d'un enfant. Les drames ou les échecs professionnels ont tous deux faces ; d'où l'importance de se concentrer sur ce qui va. Cela fait partie des ressorts qui m'ont permis de rebondir après la vente de Blancpain. Je suis volontariste ; donc forcément un peu optimiste, parce que la volonté de faire, c'est-à-dire le désir de se projeter vers demain est un acte d'optimisme. L'entrepreneur est naturellement optimiste ; s'il était pessimiste, il n'aurait pas le courage de façonner son futur. Si vous êtes très méfiant sur ce que sera demain, vous n'allez pas oser aller de l'avant. Or il faut oser aller de l'avant ; donc être optimiste.

Mais bien sûr être optimiste ne signifie pas manquer de réalisme.

Il faut pouvoir regarder la réalité. L'optimiste qui n'a pas la notion de la réalité est dangereux. Il faut constamment avoir du recul, redoubler d'attention, se reposer la question : suis-je dans la bonne direction ?

Après avoir vendu Blancpain, soucieux de ne pas trahir, vous êtes resté fidèle à la marque pendant douze ans. Vous êtes fondamentalement fidèle, notamment en amitié.

Je suis fidèle à tout. Je suis fidèle à mes principes, à mes amis, à mon amour, à mes passions. Je suis fidèle à la nation, fidèle à la planète. *(À chaque point JCB tape sur la table.)* Respecter, c'est être fidèle. L'infidélité est un manque de respect, à la fois vis-à-vis de la personne que vous trompez et vis-à-vis de vous-même.

Vivre les valeurs de la Suisse

La fidélité est selon vous un des traits de caractère des Suisses. Quelles sont les autres qualités de vos compatriotes, puisque vous avez obtenu la nationalité suisse en 2011 ?

Les Suisses sont travailleurs, appliqués, précis et créatifs. Un seul exemple d'ingéniosité créative : Nespresso. La filiale de Nestlé a réussi à damer le pion à l'expresso italien et à devenir la référence du café. À ce titre, je me sens tout à fait suisse et je suis fier de l'être !

Vous êtes attaché aux valeurs de votre pays. Quelles valeurs de la Suisse sont pour vous essentielles ?

Les valeurs de la Suisse sont celles de ses habitants. De plus, la Suisse a un système politique basé sur le droit de référendum et le consensus et non pas sur un bipartisme gauche/droite. On évite ainsi la domination d'un parti sur l'autre. La Suisse est pluriculturelle – on y parle quatre langues – et elle est une terre d'accueil généreuse. La Suisse possède un des meilleurs systèmes scolaires au monde, qui va de la petite école aux universités en passant par l'apprentissage dual (l'école et l'entreprise se partagent la formation des apprentis). Ce n'est pas par hasard qu'elle a dans de nombreux domaines les meilleures écoles du monde ! Il en est de même de son système médical. Grâce à sa tolérance culturelle et à son esprit d'innovation, le pays offre des possibilités exceptionnelles de développement aux grandes entreprises comme aux PME. Preuve en est le secteur pharmaceutique, la biotechnologie, l'industrie des machines, l'industrie horlogère, Nestlé, etc.

Hublot soutient directement l'industrie des PME.

Effectivement, nous participons au concours Swisscom Business Booster destiné à aider les PME. Celles-ci sont de fait essentielles pour l'économie, les grands groupes ne pouvant se construire que sur le réseau des PME.

Distinguer prix et valeur

Votre première montre, une Omega, vous a été offerte par votre grand-père pour votre première communion. Pouvez-vous nous raconter l'histoire de cette montre ?

Dans toutes les bonnes familles bourgeoises catholiques, le parrain, qui était souvent le grand-père, offrait une montre pour la première communion et l'enfant mettait cette montre à 18 ans. On avait donc une montre pour un jour – le jour de sa première communion – et à 18 ans une montre pour la vie. Bien sûr, cette montre avait pour moi une valeur inestimable.

Et vous l'avez perdue ?!

Oui, par manque de respect. Je n'ai pas respecté l'objet comme il devait l'être. J'ai mis ma montre pour skier ; or ce n'était pas une montre conçue pour faire du sport. Si j'ai été chagriné sur le moment et si je peux l'être encore aujourd'hui, j'ai vu le bénéfice que l'on peut tirer de cette erreur. J'ai été puni mais j'en ai tiré une leçon ; cette erreur m'a fait progresser.

On retrouve souvent chez vous cette idée selon laquelle des éléments défavorables, négatifs, vous permettent de rebondir et de vous transformer.

L'erreur est productive, bienfaisante. Elle n'est négative que si on la répète. Mais si l'on tire les leçons d'une première erreur, on évite de la refaire ; cela fait donc progresser.

Au sujet de la montre Hublot de 2 millions de dollars, vous expliquez que cette montre symbolise « la compétence et l'excellence ». Mais cette montre ne pourra pas être achetée par une personne à faible revenu et son prix représente des dizaines d'années de travail.

Celui qui achète cette montre a peut-être fait travailler une dizaine de personnes pendant un an. Et si c'est le cas, je souhaite que l'on vende beaucoup de ces montres. Il ne faut pas se leurrer, les produits chers, qu'ils appartiennent au domaine de la technologie ou à celui du luxe, sont des objets qui ne sont pas coûteux par hasard : ils sont coûteux parce que leurs frais de production ou la quantité de main-d'œuvre qui entrent dans ces objets sont élevés. Qu'est-ce qui est mieux : fabriquer des objets avec 50 centimes de main-d'œuvre ou des objets avec 500 000 euros de main-d'œuvre ? Fabriquer ces objets avec 500 000 euros de main-d'œuvre est préférable puisque leur production suppose l'emploi d'un grand nombre de travailleurs.

Au sujet du luxe qui stimule l'activité, on peut citer une réflexion de Voltaire qui considérait le superflu – traduisons le luxe – comme « une chose très nécessaire ». Il voyait dans le luxe non seulement un moyen de bonheur et de bien-être personnel mais aussi un moyen de stimuler l'activité et ainsi de profiter aux autres. Il écrivait : « C'est la frivolité et la fantaisie des hommes qui font vivre cent ouvriers que j'emploie et qui excitent l'industrie. »

Bravo ! C'est tout à fait cela. Voltaire avait tout compris !

Donner aux autres

Vous décrieriez-vous comme quelqu'un de privilégié ?

Certainement. D'abord, comme je l'ai dit, faire de sa passion un métier est un privilège énorme. Ensuite j'ai toute une série de privilèges sur le plan familial, amical, professionnel, etc. *(À chaque point, JCB tape sur la table avec son stylo.)* Quand on a autant de privilèges que moi, que ressent-on ? On a le sentiment d'une immense injustice : je suis né du bon côté alors que des milliards d'êtres humains, depuis des millions d'années, sont nés du mauvais côté. Quand on a reçu de tels privilèges, on a une responsabilité vis-à-vis des autres : celle de partager.

Partager est un de vos trois commandements. D'où ma question : quelles actions de mécénat menez-vous sur vos deniers personnels ?

Je soutiens notamment l'association Action Innocence, fondée et dirigée par Mme Valérie Wertheimer, qui lutte contre la pédophilie sur Internet. Pour mes conférences, je n'encaisse pas un centime (ce qui me permet d'être libre de mes propos). Mais si les organisateurs ont prévu des budgets pour les orateurs, je leur demande de verser la somme à cette association. Par aspiration personnelle, je suis très sensible à l'aide, au partage.

Dans ce domaine, vous faites parfois référence à des vacances que vous avez offertes aux salariés de Blancpain. Pouvez-vous nous en dire plus ?

C'était en octobre 1989. J'ai effectivement offert des vacances à tout le personnel – une centaine de salariés – de Blancpain. On a passé une semaine au mois d'octobre dans le sud de l'Italie, à Naples, à Pompéi, à Pestos et à Capri avec quatre professeurs d'histoire de l'art des universités de Lausanne et de Genève. On a donc combiné vacances et culture. Au musée archéologique de Naples, on a pu admirer les plus belles miniatures de mosaïques, qui sont en quelque sorte de l'horlogerie. J'avais donc fermé la manufacture pendant une semaine afin de partir ensemble avec tout le personnel en vacances ! Et quelques jours après notre retour en Suisse à la manufacture, m'attendait un des plus beaux cadeaux de ma vie. Un parchemin avec les signatures de tous les participants, avec une déclaration comme quoi ils travailleraient pendant cinq samedis ou dimanches d'ici à la fin de l'année afin de rattraper les cinq jours de production manquants !

Chapitre 18

« Avec tout ce que j'ai reçu, je ne peux pas regretter ce que je n'ai pas eu »

Rester vivant

Entrer dans le monde du partage

Gérard Lelarge : *Vous avez mené à la tête de plusieurs entreprises un parcours hors du commun et vous envisagez aujourd'hui de « transmettre ».*

Jean-Claude Biver : Chacun doit transmettre ; pas de l'argent, mais surtout de l'amour, des idées, une expérience, une morale, une éthique. Les privilèges sont comme la puissance ou la célébrité ; ils ne vous donnent pas des droits, mais des obligations. Quand on a reçu beaucoup, on doit redonner beaucoup.

Vous expliquez que « le but suprême de la vie est d'être vivant après sa mort ». C'est-à-dire ?

Être vivant après sa mort veut dire : « Laisser des traces. » Si avant de partir vous avez transmis votre amour, vos savoirs, vos expériences, vos succès, vos échecs, vos doutes, vous pouvez mourir sereinement : vous avez tout redonné. Puisque après sa mort on ne peut plus redonner grand-chose (!), il faut le donner avant.

Pour vous, « celui qui part avec tout ce qu'il possède part pauvre ». Vous ajoutez : « La période la plus importante de sa vie, c'est... après sa vie. » Vous voulez laisser deux traces : une trace d'amour et une trace professionnelle.

La trace d'amour est la plus importante ; si vous avez réussi à laisser une trace d'amour, vous avez réussi 95 % de votre vie disait Jean d'Ormesson. Je partage tout à fait cette vision de la réussite. Il faut aussi laisser une deuxième trace, si possible, dans l'exercice de votre métier pour que votre passage ait été utile.

Vous expliquez : « Quand on est jeune, on vit pour le futur. Quand vous vous êtes réalisé, vous vivez pour le futur des autres, le futur de vos enfants. » On peut lier cette réflexion aux collections que vous avez constituées : de montres, de vins, de tableaux et de voitures. Vous expliquez qu'à travers ces collections vous resterez un peu vivant après votre mort.

Au-delà de ma collection de montres et de vins, j'ai effectivement une collection de tableaux – surtout les impressionnistes et les fauves : je suis très sensible aux couleurs – et une collection de voitures anciennes. Mais je ne suis pas un collectionneur qui thésaurise, je suis un collectionneur qui consomme. Les montres je les porte, les voitures je les fais rouler, le vin je le bois. Je suis un collectionneur porté vers le partage et non pas vers la séquestration. Au-delà, j'ai le souci de laisser une trace de mes passions à mes enfants. C'est en cela que mes collections prennent tout leur sens.

Ne jamais s'arrêter

Selon vous, « il y a un temps pour apprendre, un temps pour faire, un temps pour transmettre et un temps pour quitter ». Fin 2011, vous cédez la direction opérationnelle de Hublot à Ricardo Guadalupe mais vous restez président du conseil d'administration. Début 2014, vous êtes nommé président du pôle horloger de LVMH. Souhaitez-vous réellement travailler jusqu'à 70 ans comme vous l'aviez annoncé ?

Il faut voir jusqu'à quel âge on reste jeune. Aussi longtemps que la tête est curieuse et qu'elle apprend, on reste jeune. Pour moi, ne plus être jeune c'est ne plus avoir de curiosité, croire que l'on sait et ne plus apprendre. Concernant mes nouvelles responsabilités chez LVMH, je dirais qu'il s'agit d'un « dernier sprint pour le panache ». J'ai toujours pensé lorsque je courrais le marathon que si mon dernier kilomètre était le plus rapide des 42 kilomètres parcourus, c'est que la gestion de l'effort fut juste et que l'arrivée se faisait dans l'allégresse plutôt que dans la douleur. Il en va de même de mon marathon professionnel. Les trois ou cinq dernières années de ma carrière devraient être les plus denses et les plus chargées. C'est donc avec beaucoup de bonheur, d'honneur et de motivation que j'ai accepté de devenir pour les trois à cinq dernières années de ma vie professionnelle le président de la division horlogère de LVMH.

Avez-vous des regrets personnels ou professionnels ?

Avec tout ce que j'ai reçu, je ne peux pas regretter le peu que je n'ai pas eu. Quand vous avez été gâté par la vie, il faut dire « Merci » et ne pas avoir de regrets. Ceci dit, si j'avais un rêve – un rêve n'est pas un regret – ce serait que mes enfants me disent un jour dans cinq ans : « Allez, on crée une montre

Biver. Nous on bosse comme des malades et toi le patriarche tu nous donnes deux ou trois instructions et surtout ta bénédiction. » Créer une montre Biver est un chapitre de ma vie qui aurait pu être ouvert il y a quinze ans, vingt ans, peut-être même dix ans. Mais beaucoup moins probable aujourd'hui à 66 ans. Je ne me vois donc pas recommencer !

Qu'attendez-vous de ce livre ?

Si une personne, une seule, arrive à s'inspirer et à se souvenir de dix lignes de ce livre, alors on a déjà gagné ! Et ce livre valait la peine d'être fait. Là encore, mon but est de partager, de transmettre, notamment à de jeunes entrepreneurs, quelques principes de conduite et quelques règles de management qui, je pense, peuvent leur être utiles.

Quelles idées devraient contenir ces lignes que retiendrait le lecteur ?

Trois idées :

- Première idée : cherchez votre passion, vous la trouverez.
- Deuxième idée : ne suivez jamais le courant, explorez de nouveaux territoires.
- Troisième idée : donnez de l'amour, vous resterez vivant.

Chapitre 19

« Questionnaire de Proust »

Vos plus grandes réussites personnelles

Mes enfants, ma famille et mon éthique, que j'ai été capable de conserver contre vents et marées et aussi le fait d'avoir su transformer ma passion en travail.

Vos plus grands échecs personnels

Un divorce, mais un échec qui m'a en fait permis de rebondir et de créer une deuxième trace d'amour.

Votre meilleur souvenir en tant que chef d'entreprise

Les vacances que j'ai offertes en 1989 à tout le personnel de Blancpain avec qui je suis parti une semaine dans le sud de l'Italie.

Votre plus mauvais souvenir en tant que chef d'entreprise

Quand j'ai dû annoncer la vente de Blancpain, une vente que j'ai regrettée pendant des années, jusqu'à la naissance de Pierre, mon dernier fils, et jusqu'au début de mon aventure avec Hublot.

Votre meilleur souvenir en tant qu'homme

La naissance de mes enfants. Malgré les progrès de la science, la naissance reste un miracle, un miracle de perfection, de beauté, d'espérance ; un miracle de l'amour.

Votre plus mauvais souvenir en tant qu'homme

Le décès de mes grands-parents. Dieu soit loué mes parents sont encore tous deux en vie et en bonne santé !

Vos plus grandes craintes

La santé de mes enfants.

Ce que vous aimez, ou aimeriez que vos amis disent de vous

Que j'ai été généreux et honnête. La générosité est une forme d'amour et l'honnêteté est une forme d'éthique. J'aimerais laisser un souvenir d'amour et de droiture.

Ce que vous aimez, ou aimeriez que vos ennemis disent de vous

La même chose !

Votre plus grande trahison

Je n'en connais heureusement pas, car je hais la trahison.

La façon dont les autres vous voient

Les uns me voient loyal, fidèle, droit et généreux. Les autres me voient avec médisance, jalousie et envie ; ceux-là me permettent de mesurer mon succès professionnel.

Les raisons pour lesquelles vous agacez parfois

Je prends de la place et je parle beaucoup. Parfois j'essaie de dominer et d'être le guide.

La mode que vous trouvez la plus ridicule

Aucune, car je suis ouvert à tout et capable de comprendre même ce que je n'aime pas.

Ce qui vous révolte

Le mensonge et l'injustice.

Ce qui vous agace

La langue de bois et la démagogie.

Ce qui vous blesse

Le mensonge.

Ce qui vous amuse

Entreprendre, découvrir, apprendre.

Ce qui vous séduit

La générosité et la fidélité.

Le chef d'entreprise à qui vous aimeriez ressembler

Steve Jobs qui a changé la destination des objets qu'il a créés, par exemple un téléphone en caméra ou en enregistreur de musique.

L'homme politique à qui vous aimeriez ressembler

Churchill.

Le créateur/l'artiste à qui vous aimeriez ressembler

Picasso qui a dit : « On met longtemps à devenir jeune. » Je trouve cela extraordinaire : la jeunesse, c'est la spontanéité, la créativité, la naïveté, la curiosité. Pour moi, arriver à être jeune après un certain âge est la vraie réussite.

Ce que vous aimeriez que Dieu vous dise en vous accueillant au paradis

« Bienvenue. Mais vous étiez si bien sur Terre, que je vous permets d'y retourner. Je ne vous garde pas cette fois-ci. Revenez plus tard. » *(Grands éclats de rire.)*

Êtes-vous croyant ?

Oui et non. Je crois en l'amour. Quand on croit en l'amour, on est proche de Dieu et de la religion puisque tous les croyants disent que leur Dieu est amour. Ils disent également que leur Dieu est éternel ; et l'amour est lui aussi éternel. Je crois à l'éternel de l'amour ; l'amour que l'on donne ne meurt jamais ; il laisse des traces indélébiles.

Votre principal trait de caractère

Je suis à la fois fragile et fort. J'ai une certaine fragilité : je suis très émotif et je réagis beaucoup avec le cœur. Mais j'ai une certaine force parce que j'ai l'envie de faire et le challenge me motive.

Le trait de caractère dont vous êtes le moins fier

J'aime les excès et je suis capable d'être excessif.

Vos auteurs et vos films cultes

J'aime beaucoup *Le Petit Prince*, *Les Fables* de La Fontaine, *Les Temps modernes* et les films d'Alfred Hitchcock.

Vos compositeurs préférés

À la fois Chopin et les Beatles.

Vos peintres favoris

Les fauves et les impressionnistes parce que je suis un amoureux de la couleur. La couleur me séduit, elle me fait rêver, elle me donne de l'espoir.

Votre boisson préférée

Le vin rouge, de toutes les régions car le vin fait partie de la culture des terroirs. Mais mon préféré est le Bordeaux rouge, Château Cheval blanc.

Vos cigarettes préférées

Je fume quelques cigares ; seulement cinq ou six par an.

Vos plats préférés

Le coq au vin, la purée, la fondue, les escargots, les grenouilles, les écrevisses.

Le talent que vous aimeriez avoir

Jouer de la musique.

Les fautes qui vous inspirent le plus d'indulgence

La vanité. L'entrepreneur est parfois trop gourmand et trop vaniteux. Mais j'ai appris à savoir pardonner.

La façon dont vous aimeriez mourir

Riche, c'est-à-dire en ayant tout redonné en matière d'amour, de savoirs, d'expériences, de visions. Et en laissant des traces de mes passions, à travers mes collections. On meurt vraiment pauvre quand on n'a rien pu redonner.

Votre devise au quotidien

Loyauté, honnêteté, droiture.

Votre devise dans le monde des affaires

Être toujours le premier, différent et unique.

Ce que vous écoutez dans votre voiture

Les informations.

L'objet dont vous ne pouvez pas vous passer

Mon ordinateur.

Le fond d'écran de votre ordinateur

Mon fils cadet qui me souhaite bon anniversaire.

Ce que vous auriez dit à la place de Neil Armstrong

Je n'aurais pas pu dire mieux.

L'endroit que vous aimez par-dessus tout

Ma maison.

Votre paysage préféré

Mon chez-moi en Suisse et mon chez-moi à Ramatuelle.

Votre voyage favori

Rentrer à la maison.

La personne la plus célèbre de votre répertoire téléphonique

Bernard Arnault.

Les deux noms que vous avez rayés récemment de votre répertoire téléphonique

Heureusement, personne.

Ce que vous changeriez de votre caractère si vous le pouviez

Un peu plus de patience.

Ce que vous changeriez de votre physique si vous le pouviez

Plus svelte ; cela permet de monter plus facilement les cols à vélo !

Votre plus mauvais goût

Mes pulls troués.

Le cadeau que vous offrez le plus souvent

Le vin, parce que c'est le cadeau de la communion.

Le cadeau que vous n'aimez pas – ou n'aimeriez pas – recevoir

J'aime recevoir tous les cadeaux.

Votre plus grande extravagance

L'achat d'une montre Patek Philippe. Mais c'est une des montres dont je suis le plus fier et que je regrette le moins.

Les critiques qui vous touchent plus particulièrement

Le mensonge. J'ai horreur des mensonges.

Les critiques auxquelles vous êtes indifférent

Celles qui viennent des médisants, des envieux, des jaloux. En fait, je les adore car elles permettent de mesurer mon succès !

Les compliments auxquels vous êtes le plus sensible

Ceux qui sont faits à mes enfants et à mon épouse.

Les compliments qui vous laissent indifférent

Ceux que l'on me fait alors qu'ils ne sont ni sincères ni justifiés.

Chapitre 20

Les 15 règles d'or de Jean-Claude Biver

Les règles de vie

- Partager, respecter, pardonner ;
- Avoir le courage de se tromper et accepter l'échec ;
- Bâtir des relations personnelles fortes ;
- Apprendre, toujours et encore ;
- Ne jamais abandonner son ADN.

Les règles de management

- S'investir au maximum ;
- Savoir s'entourer et savoir écouter ;
- Toujours conquérir, et ne pas « se contenter » de gérer ;

- Se comporter en guérillero ;
- Agir en « *winner* », quelles que soient les circonstances.

Les règles de marketing

- Être toujours le premier, différent et unique ;
- Raconter une histoire et faire rêver ;
- Innover dans la tradition ;
- Devancer les avances du client ;
- Durer en échappant aux modes.

Épilogue

La connaissance d'un homme

L'expression est probablement à la fois présomptueuse et inexacte. Des heures – même nombreuses – d'échanges autour de mon magnétophone et devant les caméras de Hublot TV permettent-elles de « connaître » JCB, personnage hors norme à la fois en tant que dirigeant et en tant qu'homme ?

Notons tout de suite que ma vision est certainement en partie biaisée par la sympathie que mon interlocuteur dégage dès notre première rencontre et qu'il entretient naturellement pendant nos entretiens. Je livre donc ici un portrait partiellement subjectif, puisque personnel et fondé notamment sur des détails qui m'ont touché. Parmi ces détails, un souvenir : lors de notre deuxième rencontre à Paris, Jean-Claude Biver remarque la montre que je porte. « C'est la montre d'un des grands-pères de ma femme. – Ces montres-là sont les plus belles », me répond-il. Autre détail : malgré d'évidentes différences de statut et de parcours (!), je nous découvre deux points communs. D'abord l'amour et la vénération que nous portons tous les deux à nos grands-pères maternels dont nous avons hérité de certains traits de caractère et les souvenirs d'enfance heureuse passés avec eux. Ensuite, l'importance qu'a revêtue la montre de première communion que ces grands-pères nous ont offerte… même si ne l'ayant pas perdue, il m'arrive encore de la porter.

Au-delà de ces faits qui paraissent probablement anodins à nombre d'entre vous, comment définir JCB ? Plusieurs qualificatifs permettent de le caractériser. Jean-Claude Biver est à la fois naturellement chaleureux et séduisant, pragmatique et audacieux, profondément humain… donc complexe.

JCB est naturellement chaleureux et séduisant

Trois semaines après notre rencontre au Wine Business Club, je reçois un e-mail : « Merci pour le projet de livre qui me plaît vraiment beaucoup. J'ai hâte de le commencer avec vous ! » Quel magnifique encouragement pour donner le meilleur de soi-même. L'homme reste le même hors micro et hors caméras : simple, attentif, ouvert. Nous déjeunons dans la salle de conférences attenante à son bureau, face à la vue magnifique de la campagne vaudoise et du lac. Nous évoquons la situation politique en France, nous parlons de nos enfants, il évoque sa première petite-fille, Paloma, « Paloma, c'est une colombe », note-t-il en souriant.

L'homme maîtrise d'évidence l'art du discours et l'art de la séduction en tête à tête ou face aux auditoires nombreux de ses conférences. Il pratique aussi l'humour avec bonheur. Un seul exemple : « Quand on dort, on ne fait pas de faute, même si l'on est mauvais. Les mauvais, c'est quand ils se réveillent qu'ils deviennent dangereux. Quand ils dorment, il n'y a rien à craindre, ils ne font pas de bêtises. De temps en temps, on est content que les gens dorment… » Michel Audiard n'aurait pas désavoué cette tirade que Jean-Claude Biver termine par un grand éclat de rire.

Attaché à faire partager ses valeurs, JCB use d'un sens inné de la pédagogie, grâce à des exemples simples et à des formules qui font mouche. Lors de ses conférences, il mise sur la simplicité et l'authenticité de ses propos. Il connaît mieux que quiconque l'importance de la communication non verbale, allant jusqu'à se mettre en scène lors de sa traditionnelle désalpe de septembre et à revêtir le bredzon, le vêtement de travail de l'armailli, le berger traditionnel des Alpes suisses.

JCB est pragmatique et audacieux

Son pragmatisme se mesure notamment par l'importance de ses résultats en tant qu'entrepreneur ; un entrepreneur qui en quelques années fait renaître Omega, ressuscite Blancpain, puis donne un essor extraordinaire à Hublot en transformant en un an le chiffre d'affaires en bénéfice net ! La presse salue en lui « une figure marquante de l'horlogerie suisse », le qualifie d'« homme d'affaires visionnaire », d'« excellent stratège ». La liste des prix et distinctions reçus est impressionnante.

Et cela grâce à des prises de position originales, souvent opposées à celles des « professeurs de gestion ». Si Jean-Claude Biver explique lire très peu de livres de management, il en a écrit un : celui que vous avez entre les mains et qui peut servir de guide à nombre de créateurs d'entreprises et de dirigeants chevronnés en quête de recettes qui marchent. Il dépasse les mots d'ordre traditionnels et conseille par exemple de retrouver systématiquement la créativité des enfants, de toujours viser à être « le premier, différent et unique ». Ce qui suppose une audace qui fait parfois défaut dans le monde des affaires où reproduire est plus confortable qu'innover. Ce qui suppose également d'être iconoclaste – par exemple de vouloir vendre des montres Blancpain sans les montrer (!) comme ce fut le cas à la foire de Bâle en 1984. Ce qui suppose aussi d'oser être provocateur, mais pas avec l'unique objectif de provoquer : derrière la provocation, il doit y avoir de la substance. C'est ainsi que JCB fait venir des vaches place Vendôme pour l'inauguration du magasin Hublot afin de rappeler que l'origine de l'horlogerie est paysanne. Pour lui, l'entrepreneur qui réussit doit être un « guérillero », qui ose, qui sort des sentiers battus, qui n'hésite pas à surprendre ses adversaires et sait saisir les opportunités.

L'audace consiste à ignorer les « sachants » qui expliquent notamment qu'investir dans le football est une aberration pour une entreprise de luxe et qui, ignorant que le monde ne se limite pas à la France ou même à l'Europe, s'étranglent de voir le « sulfureux » Maradona, très populaire en Asie, devenir partenaire de Hublot. L'audace consiste à créer un véritable big bang, nom particulièrement bien choisi pour symboliser le changement qu'introduit Hublot dans le monde de l'horlogerie de luxe en connectant le passé et le futur, en fabriquant des montres sur le modèle du sandwich !

Entrepreneur original, JCB explique que son meilleur ami est le doute. Il voit dans l'échec le « seul moyen d'accéder au succès » : « Quand nous sommes enfant, ce sont nos chutes et nos pleurs qui nous permettent de trouver petit à petit le meilleur angle pour avancer. » Au-delà de ce qui ne pourrait être que des prises de position décalées pour séduire des auditoires conquis d'avance, ces principes de management ont trouvé et trouvent encore à s'appliquer au quotidien. « Lorsque je reçois un CV, je suis naturellement attiré vers les candidats qui ont échoué. De fait, il faut toujours chercher dans le négatif les énergies positives. La vie est toujours le *yin* et le *yang*, le jour et la nuit, le chaud et le froid, l'eau et la terre. »

JCB est profondément humain… donc complexe

Le patron de Hublot fait souvent référence à ses « trois commandements » (partager, respecter, pardonner), des principes proches de ceux que Confucius énonçait il y a près de deux mille cinq cents ans quand il conseillait d'agir dans le « sens de l'humain » et de se conduire en « homme de bien » qui se distingue par sa vertu, ses talents, son comportement moral. Jean-Claude Biver insiste sur la nécessité de laisser deux traces : une trace professionnelle et une trace d'amour. « Le seul but de la vie est de donner de l'amour et de le transmettre. C'est ainsi que la chaîne de la vie peut se poursuivre », explique-t-il.

Quelle part de « com » renferment de tels propos ? Si comme on le sait JCB maîtrise les techniques de la communication, peut-on pour autant le soupçonner de tromper son auditoire ? Non. « Je ne suis pas un acteur, je ne joue aucun rôle. » Jean-Claude Biver ne se contente pas d'énoncer des principes généreux mais il les met aussi en pratique par ses actions personnelles de mécénat et son comportement au quotidien. Si l'homme n'était pas authentique comment expliquer qu'une équipe de fidèles le suive depuis trente ans ?

JCB, un grand patron qui se définit non seulement comme un guérillero dans les affaires, on l'a vu, mais aussi comme un hippie ! Quelle est la part de provocation d'un tel propos ? Même s'il précise : « bien sûr un hippie qui a évolué », il semble sincèrement attaché au respect de l'homme, au respect de la nature, aux liens entre les hommes, à l'importance de l'amour. Grâce à une seule éthique, fondée notamment sur l'amour et appliquée à la fois dans son travail et dans sa vie privée, Jean-Claude Biver vit en harmonie. La famille est indispensable à son équilibre. Homme de clan, JCB n'est pas un solitaire; il aime et a besoin d'être entouré.

Alors que nombre de dirigeants suscitent souvent des critiques – parfois infondées –, la quasi-totalité des articles consacrés au patron de Hublot sont élogieux… et dans « le pire » des cas, neutres. L'homme ferait-il l'unanimité ? Non, bien évidemment. Ce qui réjouit JCB dont l'œil s'allume ! Rappelons-nous : « J'adore les médisants, les envieux, les jaloux. Je les adore parce qu'ils sont le baromètre de mon succès ! » L'homme ne s'embarrasse pas de non-dits. Son franc-parler est connu, par exemple à l'égard de l'Église dont « le discours remonte au Moyen Âge » ou des hommes politiques – qui « manquent trop souvent de vision, de charisme, de courage, d'honnêteté ». À ceux qui convertissent le prix d'une montre Hublot en années de travail d'un salarié modeste, il pose la question : « Qu'est-ce qui est mieux : fabriquer des objets où vous avez 50 centimes d'euros de main-d'œuvre ou des objets où vous avez 500 000 euros de main-d'œuvre, donc supposant l'emploi de beaucoup de travailleurs ? »

Jean-Claude Biver est capable de faire son autocritique ; il reconnaît être volubile, prendre de la place, aimer dominer et mener le groupe, parfois exagérer et être excessif. Il confie lire peu de livres quand tant de grands patrons se piquent de culture : « Je ne suis pas un intellectuel ; je suis un pragmatique », dit-il en faisant mine de s'excuser. Un pragmatique passionné qui reçoit fin 2012 à Genève le prix Hommage à la passion décerné par la Fondation de la Haute Horlogerie.

L'homme est naturellement optimiste. Pour lui, la vie est une récompense au quotidien, celle de pouvoir exercer sa passion, de créer, d'entreprendre, d'innover. Mais JCB explique aussi « dire la vérité avec un peu de peinture ». Ainsi, les mauvais souvenirs comme la séparation de ses parents, son propre divorce ou la vente de Blancpain sont présentés comme autant d'occasions de rebondir, même si des regrets apparaissent en filigrane. Rappelons-nous au sujet de l'institut où Jean-Claude et Marc sont placés après le divorce de leurs parents : « Aussi beau que fût l'institut, beaucoup d'élèves auraient préféré être avec leurs parents : la séparation du milieu familial existait bel et bien. » Comme existe bel et bien une « sensibilité à fleur de peau » que Jean-Claude Biver reconnaît volontiers. Il pleure le jour de la vente de Blancpain à

Nicolas Hayek, un jour où il a « cru que le monde allait s'écrouler »… mais il corrige et précise : « Finalement la déchirure Blancpain s'est transformée en quelque chose d'extraordinairement positif. » Et de conclure : « Je pleure d'un œil et je ris de l'autre. »

Se retournant vers le passé JCB explique : « J'ai zéro – zéro – zéro – zéro regret » et ajoute : « Tout ce que j'ai fait s'est toujours terminé pour moi de façon favorable. » Un psychanalyste verrait peut-être dans de tels propos une preuve de déni. Ou plus simplement une des composantes de la méthode Coué qui permet d'avancer ?

D'évidence l'homme est passionné, a besoin de nouveaux challenges et à ce titre recommence après chaque victoire. Traçant sans le dire son autoportrait, JCB cite l'exemple de l'alpiniste qui, ayant atteint le sommet de l'Everest, dit « Plus jamais » mais repart six mois après, quand il a soigné ses engelures.

Si le patron de Hublot aime citer Picasso, je voudrais moi aussi choisir une citation du même Picasso qui, à mon sens, résume parfaitement à la fois le dirigeant et l'homme Jean-Claude Biver, tous les deux intensément passionnés : « C'est dans le travail d'une vie que réside la vraie séduction. »

Remerciements

Je tiens à remercier en priorité bien évidemment Jean-Claude Biver qui m'a accordé son entière confiance dans le cadre de mon projet et qui m'a permis, grâce à sa disponibilité et à son engagement enthousiaste, de le réaliser.

Je tiens aussi à remercier tous les collaborateurs de Hublot avec qui j'ai été en relation à l'occasion de l'écriture de ce livre et plus particulièrement Alexia Erb, Kari Palaz, Rose Christen et Joan Dominguez à la fois pour leur efficacité et la chaleur de leur accueil.

Gérard Lelarge

Mise en pages : Compo Meca Publishing
64990 Mouguerre

numérique

Impression & brochage - France
Numéro d'impression : N02672151127 - Achevé d'imprimer : Novembre 2015

Dépôt légal : novembre 2015

IMPRIM'VERT®